CATHERINE HOWARD,

DRAME EN CINQ ACTES ET EN HUIT TABLEAUX,

Par M. Alexandre Dumas,

REPRÉSENTÉ POUR LA PREMIÈRE FOIS, À PARIS, SUR LE THÉATRE DE LA PORTE SAINT-MARTIN, LE 2 JUIN 1834.

PERSONNAGES.	ACTEURS.	PERSONNAGES.	ACTEURS.
HENRI VIII, roi d'Angleterre	M. Delafosse.	Un GARDIEN de la Tour de Londres	M. Vissot.
ETHELWOOD, duc de Dierham	M. Lockroy.	CATHERINE HOWARD.	Mlle Ida.
LE COMTE DE SUSSEX	M. Delaistre.	LA Psse MARGUERITE	Mlle Moralès.
Sir JOHN SCOTT DE THIRLSTANE, ambassadeur de Jacques V	M. Auguste.	KENNEDY, nourrice de Catherine Howard	Mlle Georges cadette.
Sir THOMAS CRANMER, archevêque de Cantorbéry.	M. Herst.	LA DUCHESSE DE ROKEBY.	M.
JACK FLEMING, alchimiste.	M. Duplanty.	LA DUCHESSE D'OXFORD.	M.
LE LORD CHAMBELLAN.	M. Tournan.	PAGES DU ROI.	
LE PRÉSIDENT de la Chambre des Pairs	M.	UN PAGE du duc de Dierham.	
LE DUC DE NORFOLK, lieutenant-général	M. Alfred.	SEIGNEURS. DAMES D'HONNEUR. GARDES DU ROI. SEIGNEURS ÉCOSSAIS de la suite de sir John Scott. UN CAPITAINE DES GARDES.	
L'EXÉCUTEUR	M. Provost.	PEUPLE.	
UN HUISSIER	M. Fontonne.	UN GREFFIER. UN CRIEUR PUBLIC.	

L'action se passe en Angleterre, en 1542.

ACTE PREMIER.

Premier Tableau.

La salle de réception au palais de White-Hall.

SCENE PREMIÈRE.

LE LORD CHAMBELLAN, *attendant le lever du roi*; LE DUC DE NORFOLK, *entrant*; *ensuite* SIR THOMAS CRANMER.

LE DUC DE NORFOLK. Monsieur le lord chambellan.

LE LORD CHAMBELLAN. Monseigneur?

LE DUC DE NORFOLK. Où est sa Grâce?

LE LORD CHAMBELLAN. Dans sa chambre à coucher, avec milord grand-chancelier.

LE DUC DE NORFOLK. Rien n'est changé au cérémonial ordinaire de son lever?

LE LORD CHAMBELLAN. Rien, milord.

LE DE DUC NORFOLK. Merci ; je vais l'attendre. (*A l'archevêque de Cantorbéry qui entre.*) Salut à monseigneur de Cantorbéry.

SIR THOMAS. Salut, milord.

LE DUC DE NORFOLK. Quelles nouvelles de Rome, monseigneur l'archevêque ?

SIR THOMAS. Quelles nouvelles d'Ecosse, milord lieutenant-général ?

LE DUC DE NORFOLK. Sommes-nous toujours brouillés avec le Saint-Père ?

SIR THOMAS. Sommes-nous toujours mal avec le roi Jacques ?

LE DUC DE NORFOLK. Aussi mal que l'archange Michel est avec Satan : vous savez que le roi est revenu avant-hier d'Yorck. Sa Grâce y a passé six jours à attendre vainement son écervelé de neveu, qui, au bout de ce tems, lui a envoyé je ne sais quelle mauvaise excuse ; le roi est rentré furieux à Londres.

SIR THOMAS. Les nouvelles de Rome ne valent guère mieux que celles d'Ecosse alors.

LE DUC DE NORFOLK. Excommuniés toujours, n'est-ce pas ? roi et royaume, noblesse et peuple ?

SIR THOMAS. Oui ; mais vous savez sans doute que nous ne sommes pas en reste avec le Saint-Père ; une assemblée de dix-neuf prélats et de vingt-cinq docteurs a formulé hier une déclaration qui rejette la domination du pape, qui déclare ne lui reconnaître d'autre pouvoir qu'un pouvoir purement spirituel, d'autre titre que celui d'évêque de Rome, et qui proclame le roi Henri VIII d'Angleterre le chef suprême de la religion. C'est, j'en ai bien peur, comme avec le roi Jacques, milord, une guerre mortelle.

LE DUC DE NORFOLK. Moins dangereuse cependant, vous en conviendrez ; les foudres papales ne renversent plus les trônes.

SIR THOMAS. Non ; mais elles allument encore les bûchers.

LE DUC DE NORFOLK, *d'un air sombre*. Sans compter que ce vent de guerre qui nous arrive d'Ecosse n'est pas de nature à les éteindre. Monseigneur, il y a du Jacques V dans l'excommunication du pape, et il y a de l'excommunication du pape dans la déclaration de guerre de Jacques V ; car c'est une véritable déclaration de guerre, ne vous y trompez pas, que son mariage avec Marie de Guise, et que l'acceptation du titre de défenseur de la foi que lui a donné Paul III.

LE LORD CHAMBELLAN. Chut ! milord ; il me semble que le roi parle bien haut.

LE DUC DE NORFOLK. Silence ! Voici son Altesse la princesse Marguerite.

SIR THOMAS. Quel est ce jeune seigneur qui l'accompagne ?

LE DUC DE NORFOLK. C'est milord de Sussex qui arrive de France pour recueillir l'héritage de son père, et la place que sa mort a laissée vacante à la chambre haute.

SCÈNE II.

Les Précédens, LA PRINCESSE MARGUERITE, MILORD COMTE DE SUSSEX, Dames d'honneur, Seigneurs de la suite de la Princesse.

SUSSEX. Lorsque je vis pour la première fois la duchesse d'Etampe à la cour du roi François Ier, elle avait une robe d'une étoffe absolument pareille à celle de votre Altesse.

MARGUERITE. Vous avez bonne mémoire, milord, et nous vous ferons, si notre gracieux frère et souverain le permet, grand maître de nos atours ; cette étoffe vient, en effet, d'outre-mer ; Henri l'a reçue avec d'autres présens que lui a envoyés le roi de France, en gage de bonne amitié ; et il me l'a donnée au même titre..... Salut, monseigneur de Cantorbéry, salut, milord.

(*Le duc de Norfolk et l'archevêque s'inclinent.*)

SUSSEX, *après les avoir salués légèrement*. En gage de bonne amitié, dites-vous ?..... Voilà qui me désespère, madame ; nous nous étions cependant bien promis, de concert avec MM. de Montmorency et de Guise, que cette bonne amitié ne durerait pas toujours.

LE DUC DE NORFOLK. Comment, vous voulez nous brouiller avec la France, comte ?

SUSSEX. Mais nous ferons tout ce que nous pourrons pour cela, milord lieutenant-général ; nos voisins ont vu la journée des éperons, et le pied-à-terre que le roi Henri conserve à Calais leur fait espérer qu'il ne tardera pas à traverser de nouveau la mer pour venir leur offrir une revanche.

LE DUC DE NORFOLK. Malheureusement, milord, je crois que sa Grâce a pour le moment de la besogne toute taillée qui l'empêchera d'entrer dans vos vues politiques, si profondes et si avantageuses qu'elles lui paraissent. Mais MM. de Montmorency et de Guise peuvent passer la mer pour revenir ; je crois même qu'en ce moment deux épées, aussi braves et aussi fidèles que les leurs, ne seraient pas mal reçues à la cour du roi Jacques, et comme j'espère, milord, vous compter parmi les chefs de l'armée que je conduis à la frontière, ce sera une bonne occasion à saisir, si vous voulez renouveler avec vos amis, aux bords de la Twède, la connaissance commencée aux bords de la Seine.

SUSSEX. Il sera fait comme vous dites, monsieur le duc, si Dieu ou le roi n'y mettent empêchement. Il y a un vieux proverbe anglais qui prétend que chaque fois qu'il y a dans notre île deux lames d'épée qui brillent au soleil, on n'a qu'à regarder au côté d'un comte de Sussex si l'on veut trouver un fourreau vide.

SIR THOMAS. C'est comme vous le dites, milord, un vieux proverbe; si vieux qu'il commence à tomber en désuétude.

SUSSEX. Il aurait repris une nouvelle vie, monseigneur, si je m'étais trouvé en Angleterre lors du procès de la malheureuse Anne de Boulen; et peut-être eût-il mieux valu que je m'y trouvasse, je ne dirai pas pour mon honneur, à moi, qui, Dieu merci, n'avait pas besoin de ce nouveau lustre, mais pour celui du roi, monseigneur, et pour le vôtre, auquel j'eusse peut-être sauvé une bien fâcheuse tache.

SIR THOMAS. Si je vous comprends bien, milord, vous voulez dire que vous eussiez défendu la reine?

SUSSEX. Oui, monseigneur, et de deux manières.

SIR THOMAS. Peut-on les connaître?

SUSSEX. Au parlement avec ma parole.

SIR THOMAS. Et si celle du roi lui eût imposé silence comme il a fait à la mienne?

SUSSEX. En champ clos avec mon épée.

MARGUERITE. Milord, vous oubliez que vous parlez de Henri qui est votre roi, devant moi qui suis sa sœur.

SUSSEX. Pardon, madame, mais je voyais les yeux de votre Altesse si distraits, que j'espérais que le son même de ma voix n'arriverait pas à son oreille.

MARGUERITE. Milord, depuis que Dieu a fait à mon frère la grâce de lui accorder un fils, j'ai perdu toute chance de succéder au trône d'Angleterre, et par conséquent tout désir de m'instruire dans les choses de guerre et de politique. Croyez que, dans le cas contraire, j'aurais écouté avec le plus grand intérêt la belliqueuse discussion que vous venez d'engager avec monseigneur l'archevêque.

SUSSEX. Hélas! madame, si les paroles que je viens de prononcer, tout insignifiantes qu'elles sont, étaient sorties de la bouche d'un autre que je pourrais nommer... Votre Altesse serait à cette heure une rebelle, car elle aurait, je le crains bien, oublié, pour s'instruire dans les choses de guerre et de politique, jusqu'à l'existence de son neveu le prince Edouard.

MARGUERITE. Milord, je ne sais si la sœur de François Ier permet aux chevaliers français de faire en sa présence de pareilles remarques; mais ce que je sais bien, c'est que si elles se renouvelaient devant la sœur de Henri VIII, elle se croirait obligée de s'en plaindre au roi d'Angleterre.

UN HUISSIER, *à la porte du fond*. Milord Ethelwood, duc de Dierham.

(*Entre Ethelwood*.)

SUSSEX. Vous arrivez bien à propos, milord, pour plaider en ma faveur une cause que je suis tout près de perdre au tribunal de son Altesse.

ETHELWOOD. Comte, vous tombez mal; vous le voyez, j'ai moi-même un pardon à obtenir; car si j'arrive assez tôt pour offrir mes hommages à sa Grâce, j'arrive bien tard pour les déposer aux pieds de son Altesse.

MARGUERITE. Il est quelquefois plus facile de pardonner aux absens qu'aux présens, car l'absence, milord, n'entraîne avec elle qu'une accusation, celle de l'oubli.

ETHELWOOD. Et celle-là, madame, vous savez combien il serait injuste de la faire peser sur moi; non, j'ai été arrêté à la grille du palais par l'encombrement que causent nos envoyés d'Ecosse et la foule qui les entoure.

LE DUC DE NORFOLK. Comment, milord, ils sont là?

ETHELWOOD. Attendant audience de sa Grâce.

(*On entend le bruit des cornemuses, accompagné de cris.*)

SUSSEX. Eh! tenez, les voilà, Dieu me damne! qui nous donnent un concert.

LE DUC DE NORFOLK. C'est la marche et les cris de guerre des Mac-Lellan.

SUSSEX. Madame, c'est notre lieutenant-général qui mérite le compliment que vous me faisiez tout à l'heure, car il a, si je ne me trompe, meilleure mémoire encore que moi.

LE DUC DE NORFOLK. Milord, croyez-en un vieux soldat; quand vous aurez, une fois seulement, entendu sur le champ de bataille cette marche et ces cris, vous les reconnaîtrez toujours, et plus d'une fois, peut-être, vous vous réveillerez en sursaut, poursuivi par eux dans vos rêves.

MARGUERITE, *à Ethelwood.* Ces cris et cette musique sauvage m'épouvantent, milord.

(*Elle se jette de côté. En ce moment Henri ouvre violemment la porte de sa chambre à coucher; il écoute un instant sans rien dire.*)

SCÈNE III.

LES PRÉCÉDENS, HENRI, *se croisant les bras.*

HENRI. Par saint Georges! messieurs, n'avez-vous pas entendu comme moi?.. ou bien n'est-ce qu'un rêve, le cri et la marche de guerre des Écossais dans la cour du palais de White-Hall?

SUSSEX. Sire, ils ont si souvent entendu les clairons d'Angleterre dans la cour du palais de Stirling.

HENRI. Vous avez raison, comte; mais ceux-là n'y faisaient pas une musique à tirer les morts de leur tombeau... Eh! tenez, jusqu'à mon vieil alchimiste Fleming, qui sort tout tremblant de son laboratoire pour nous demander s'il n'a pas entendu la trompette du jugement dernier.

FLEMING, *soulevant avec sa tête la tapisserie d'une porte basse et voûlée, regarde de tous côtés.* Sire!...

HENRI, *riant.* Rentre, mon vieux prophète, ce n'est rien!... rien, que les glapissemens du renard d'Écosse, que vont couvrir les rugissemens du lion d'Angleterre. Mon cousin de Norfolk, faites entrer ces bouviers higlanders, et demandez en même tems à nos trompettes s'ils se souviennent de la marche de Flodden. (*Norfolk sort. Allant à son trône.*) Bonjour, ma sœur; salut, messieurs et milords. Approchez-vous plus près de notre trône, sir Thomas de Cantorbéry; car nous savons qu'il n'est puissant et solide que parce qu'il s'appuie, d'un côté, (*tendant la main à Ethelwood*) sur le courage de la noblesse, (*tendant l'autre main à l'archevêque*) et de l'autre, sur la science de l'Église. (*A la princesse Marguerite, qui se lève.*) Où allez-vous, Marguerite?

MARGUERITE. Sire, j'étais venue pour assister à votre lever, et non à une audience de guerre... J'espère donc que vous penserez que ma place...

HENRI. Devrait être plus souvent au conseil, et moins souvent au bal; vous oubliez que chez nous les femmes sont habiles à succéder, et que, s'il arrivait quelque malheur au prince Édouard...

MARGUERITE. Dieu gardera votre Grâce, je l'espère, de tout chagrin de ce genre..

HENRI. Comte de Sussex, accompagnez son Altesse chez elle, et revenez aussitôt.

(*De Sussex s'incline et sort avec la princesse. On entend les trompettes anglaises qui répondent aux cornemuses d'Écosse. Le roi Henri s'assied sur le fauteuil aux armes d'Angleterre, qui lui sert de trône.*)

LE DUC DE NORFOLK, *entrant.* Sir John Scott de Thirlstane, envoyé du roi d'Écosse, sollicite l'honneur d'être introduit en présence de votre Grâce.

HENRI. Faites entrer. (*Entre sir John.*) Salut, sir John; nous reconnaissons aujourd'hui que vous êtes digne de la devise que vous avez choisie: *Toujours prêt.*

SIR JOHN. Et c'est surtout lorsqu'il s'agit de l'honneur de mon prince et de mon pays, Sire, que je suis fier de la porter, et ambitieux d'en être digne.

HENRI. Nous savons, sir John, que vous êtes un brave et loyal serviteur, et le choix du messager m'est aussi agréable que le message me le sera sans doute. Mon neveu fait droit à mes réclamations, n'est-ce pas? et c'est pour donner une plus grande publicité à sa soumission, qu'au lieu de me venir trouver à York, où je l'ai attendu huit jours, pour débattre entre nous et secrètement les intérêts politiques et religieux de nos deux royaumes, il m'envoie un ambassadeur, et me demande une audience publique.

SIR JOHN. Sire, les instructions de mon roi sont précises.

HENRI. Tant mieux!... Consent-il enfin à adopter la religion réformée, à détruire les couvens de son royaume, et à ne reconnaître le pape que comme simple évêque de Rome?

SIR JOHN. Sire, l'Écosse et son roi sont catholiques d'âme et de cœur depuis le troisième siècle; pour eux, le successeur de saint Pierre sera toujours le vicaire du Christ, et peuple et monarque resteront fidèles à la foi comme au courage de leurs pères.

HENRI. Très-bien! l'alliance du roi Jacques avec la famille fanatique des Guise me faisait pressentir cette première réponse à ma première question. Je déciderai plus tard de quel poids elle doit être dans la balance de la paix et de la guerre.

SIR JOHN. Nous espérons que votre Grâce la tiendra d'une main aussi juste qu'elle est puissante, et que ni le souffle du fanatisme, ni les conseils de l'intérêt personnel n'en feront pencher les plateaux.

HENRI. La résolution que je prendrai, sir John, dépend moins de la réponse que vous m'avez faite que de celle que vous allez me faire.

SIR JOHN. J'écoute respectueusement votre Grâce.

HENRI. Maintenant, mon neveu Jacques V consent-il à me faire hommage de la couronne d'Ecosse, comme l'ont fait, dès l'an 900, ses pères à mes pères? comme l'a fait Eric à Edouard Ier; Malcolm à Edouard-le-Confesseur, à Guillaume-le-Conquérant et à Guillaume-le-Roux?... comme l'a fait Edgar, frère de Malcolm, à Henri Ier; David, successeur d'Edgar, à l'impératrice Mathilde; le fils de David à Etienne; Guillaume, son frère, et toute la noblesse d'Ecosse à Henri II, à Richard Ier et au roi Jean. Hommage qui, pour se revêtir d'un caractère plus sacré, fut rendu cette fois publiquement sur la montagne de Lincoln, et juré sur la croix de l'archevêque de Cantorbéry. Nous savons bien que cet hommage, rendu encore par Jean de Bailiol à Edouard, fils de Henri, et par Edouard de Bailiol à Edouard III, fut interrompu sous les règnes de Richard II et de Henri IV. Mais cette interruption, vous le savez aussi bien que nous, sir John, eut pour cause les guerres civiles qui désolèrent l'Angleterre sous ces deux souverains; et cela est si vrai que, lorsque Henri V, leur successeur, ordonna au roi d'Ecosse de l'accompagner comme vassal en son expédition d'outre-mer, le roi d'Ecosse obéit; qu'on ne vienne pas non plus s'appuyer sur l'interruption faite à cet hommage sous le règne de Richard III.... Richard III était un usurpateur, et, à ce titre, n'avait aucun droit pour le réclamer. Henri VII, mon père, trop activement occupé des factions politiques et religieuses qui agitaient l'intérieur du royaume, pour porter ses regards à l'extérieur n'exigea pas cet hommage du roi Jacques IV, je le sais; mais moi, sir John, moi qui, ministre des vengeances célestes, ai noyé les rebelles dans leur sang, étouffé les hérétiques dans les flammes, fait disparaître des armées ennemies sous le champ de bataille où je les ai heurtées; moi qui, voyant la vieille Angleterre agitée depuis quatre siècles par les secousses de la guerre civile, et plongée depuis mille ans dans la nuit de l'erreur, n'ai eu qu'à étendre la main sur elle, comme Dieu le fit sur le chaos, pour la doter du calme et de la lumière, présens divins, qui, jusqu'alors, n'étaient descendus que du ciel; je ne souffrirai pas qu'il en soit plus long-tems ainsi; les choses reprendront leur cours interrompu. Le peuple d'Ecosse doit hommage à sa noblesse, la noblesse d'Ecosse à son roi, le roi d'Ecosse au roi d'Angleterre, et le roi d'Angleterre à Dieu!

SIR JOHN. Pardon, Sire, si cette fois encore je me vois forcé de faire à votre Grâce une réponse contraire à celle qu'elle paraît attendre... Mais l'hommage des anciens rois d'Ecosse n'a jamais été rendu aux prédécesseurs de votre Grâce qu'à l'égard des terres qu'ils possédaient en Angleterre, de même que les rois d'Angleterre rendaient hommage à ceux de France pour les duchés de Guyenne et de Normandie. Votre Grâce connaît trop bien notre commune histoire pour confondre l'hommage de la comté de Huntington avec l'hommage du royaume, et celui des rois particuliers du Northumberland avec celui des rois d'Ecosse. Quant à ce qui s'est passé sous le règne de Bailiol, l'Angleterre ne peut en tirer aucune conséquence, puisque notre noblesse a toujours protesté contre cet acte. Jean de Bailiol a fait, il est vrai, hommage à Edouard Ier, en reconnaissance de l'aide que ce dernier lui avait donnée pour monter sur le trône; mais il en a perdu l'estime de sa noblesse et l'amitié de son peuple, et le roi Jacques V est trop estimé de l'une et trop aimé de l'autre pour qu'il s'expose jamais à un pareil malheur.

HENRI. Ainsi mon neveu refuse de me reconnaître pour son suzerain?

SIR JOHN. Il refuse.

HENRI. Et il a pesé d'avance toutes les conséquences de ce refus?

SIR JOHN. Quelles qu'elles soient, il les subira : les rois d'Ecosse ont l'habitude de porter la main à leur épée avant de la porter à leur couronne.

HENRI, *se levant*. Bien! sir de Thirlstane, bien!... car nous sommes las de tous ces hommages, jurés et repris. Ecoutez donc : tout à l'heure encore j'aurais pu me contenter de ce que je vous demandais, maintenant il me faut autre chose; la main de Dieu a jeté nos deux nations loin des autres peuples du monde, face à face, au milieu de l'Océan, sur un même sol, mais inégalement divisées entre elles; pour toute séparation il leur a donné le lit étroit de la Twède, c'est assez pour séparer deux provinces, mais non deux royaumes; aussi, depuis mille ans, le sang le plus pur des deux peuples n'a-t-il pas cessé de rougir, tantôt une rive, tantôt l'autre; depuis mille ans l'Angleterre n'a pas eu un seul ennemi que cet ennemi n'ait eu pour allié l'Ecosse; depuis mille ans l'Ecosse n'a pas eu une guerre civile que le souffle puissant de l'Angleterre n'attisât l'incendie de ses cités; entre nos deux peuples c'est une haine que la mère lègue à sa fille avec son lait, et le père à son fils avec son épée.... Eh bien! sir John, cette haine, elle durerait de génération en génération jusqu'au jour du jugement dernier, s'il ne m'était venu dans l'esprit, à moi, Henri d'Angleterre, que cela devait finir sous mon règne; qu'un hommage ne me suffisait pas; qu'il me fallait une conquête, et que deux couronnes et deux têtes, c'était trop de moitié pour une seule île...... A compter d'aujourd'hui donc, il n'y a plus un roi en Angleterre et un roi en Ecosse; il y a un roi d'Angleterre et d'Ecosse, voilà tout!... Le dieu des armées décidera s'il doit s'appeler Henri VIII ou Jacques V.

SIR JOHN. Sire, le dieu des armées est aussi le dieu de la justice.

HENRI. Et vous en avez une preuve devant les yeux, sir John; regardez à votre gauche : cette armure, c'est celle du roi Jacques IV, tombé mort avec son fils, douze comtes et dix-sept barons sur le champ de bataille de Flodden. Vous pouvez distinguer sur la cuirasse, n'est-ce pas, la blessure par laquelle est entré le fer et est sortie la vie? eh bien! je le jure ici, sur ma couronne et sur mon sceptre, sir John, quelle que soit l'armure dont vous entourerez l'Ecosse et si bien trempée qu'elle soit, je lui ferai, à son tour, une blessure assez large pour qu'une bonne fois enfin tout ce qu'elle a de sang rebelle lui sorte du cœur.

SIR JOHN. Avant d'arriver jusqu'à elle, Sire, il faudra que vous ayez renversé la dernière de ses villes et massacré le dernier de ses enfans!... Quant à moi, votre Grâce a bien voulu me dire que j'étais digne de ma devise.... J'y manquerais si je ne prenais le plus vitement possible congé d'elle, car je veux qu'on me retrouvât à la tête des premiers soldats qui marcheront contre vous, vous disiez vous-même : *Toujours prêt!*

HENRI. Allez donc, sir John, nous ne vous retenons pas; les rois d'Angleterre ont aussi une devise qu'ils n'ont jamais laissé tomber en oubli; je veux qu'avant un mois elle flotte en lettres de feu sur assez de villes pour que de tous les coins de l'Ecosse on y puisse lire : *Dieu et mon droit!......* — Messieurs, faites honneur à l'ambassadeur, non pas du roi d'Ecosse, mais de notre neveu Jacques V. Restez, milord Ethelwood, j'ai à vous parler.

SCÈNE IV.
HENRI, ETHELWOOD.

HENRI, *prenant le bras d'Ethelwood et se promenant avec lui.* Eh bien! duc de Dierham, que dites-vous de cette obstination de notre neveu?

ETHELWOOD. Que jamais roi n'a choisi un ambassadeur, sinon plus respectueux, du moins plus concis dans ses réponses.

HENRI. Oui, oui, sir John est un digne Ecossais, qui n'a qu'un tort : c'est celui de se croire encore au tems de Robert Bruce et de Williams Wallace, et de penser qu'à six siècles de distance les cœurs sont les mêmes, parce que les cuirasses qui les couvrent sont pareilles; c'est une statue des anciens jours placée comme une borne milliaire sur la route du monde, et qui n'a pas vu avec ses yeux de pierre les générations s'appauvrir au fur et à mesure qu'elles se succédaient... Où sont les James Douglas et les Randolph?... De nos jours, ils s'appellent Olivier Sainclair ou Maxwel, c'est pitié! Milord, milord, je vous le dis, ce n'est point cette guerre qui fera blanchir un seul de mes cheveux, soit que je la fasse en personne, soit que j'envoie le duc de Norfolk à ma place. Mon épée est longue et tranchante, et où elle ne peut atteindre, je la lance!... Ce n'est pas cela qui me fait malheureux, milord, ce n'est pas cela...

(Il tombe sur un fauteuil.)

ETHELWOOD. Vous, malheureux, Sire!.. vous, triomphateur au dehors, triomphateur au dedans; vous qui, éteignant les discordes de la rose blanche et de la rose rouge d'York et de Lancastre, vous êtes assis sur le trône, posant un pied sur la guerre étrangère et l'autre sur la guerre civile, et qui avez dit à la France et à l'Angleterre émues que Dieu dit aux vagues de la mer : Assez!..... Que votre Grâce me pardonne, mais il faut que l'ambition humaine soit plus vaste que le monde, puisque le monde ne lui suffit pas.

HENRI. Duc, ce n'est ni la colère des vents, ni celle des flots, ni la tempête, ni l'Océan, qui font sombrer un vaisseau solidement construit. C'est le roc caché sous la mer, et dont la blessure est mortelle parce qu'elle est invisible; oui, je suis grand, oui, je suis fort, c'est vrai!..... Il n'y a pas un de mes sujets qui ne m'envie, et moi j'envie parfois le sort du dernier de mes sujets.

ETHELWOOD. Vous, Sire?

HENRI. Oui; car ce n'est point assez d'une

couronne et d'un sceptre. Il faut encore un oreiller où l'on puisse se reposer de leur poids ; près de la vie publique il faut la vie privée ; à côté de la grandeur du palais, le bonheur de la maison... Eh bien ! le dernier de mes sujets peut avoir une femme et des enfans qui l'aiment : le dernier de mes sujets est donc plus heureux que moi !...

ETHELWOOD. Mais les reines vos épouses vous ont aimé, Sire, et vous ont laissé des enfans qui vous aiment.

HENRI. Les reines, mes épouses ?..... Catherine d'Aragon, n'est-ce-pas? Fiancée à mon frère avant de devenir ma femme, ce qui fut pour ma conscience un remords si grand, que je me vis forcé de la répudier. Anne de Boulen, que ses déportemens ont menée de mon lit à l'échafaud. Jeanne Seymour, ange descendu du ciel, et que le ciel jaloux a rappelé. Anne de Clèves, qu'on me dit belle et gracieuse, qu'on me fait épouser d'après un portrait d'Holbein, et qui lorsqu'elle arrive.... Mais celle-là s'est rendu justice, en se contentant du titre de sœur. Eh bien ! maintenant que me reste-t-il de mes quatre mariages? Le souvenir de quelques jours de bonheur, vingt ans de remords, de honte ou de chagrin, puis deux filles que la loi a déclarées incapables de régner, et un fils que Dieu a déclaré incapable de vivre.

ETHELWOOD. Sire, vous êtes bien jeune encore, et un nouveau mariage peut vous donner tout ce qui vous a manqué jusqu'à présent.

HENRI. Oui, je le sais, et je vais encore une fois tenter cette épreuve. Mais cette fois, je te le jure, milord, je n'irai chercher ma femme ni dans les cours souveraines ni dans les maisons princières ; je suis las de voir l'Europe se mêler de mes querelles de ménage ; mon divorce avec Catherine d'Aragon m'a valu la guerre avec les Pays-Bas, l'Espagne et l'Empire ; et le renvoi d'Anne de Clèves va soulever contre moi le Hainault, la Flandre et la France peut-être... Puissant et isolé, comme je le suis, au sein des mers, nulle alliance ne peut augmenter ma force. Ma force est en moi, il me faut donc, et voilà tout, une femme jeune pour que je puisse l'aimer, belle pour qu'elle puisse me plaire, sage pour que je puisse me fier à elle ; peu m'importe dans quelle condition elle sera née. J'ai tiré deux ministres, l'un de l'étal d'un boucher, et l'autre de la boutique d'un forgeron : je tirerai bien un prince royal du sein d'une vassale.

ETHELWOOD. Mais ce trésor de jeunesse, de beauté et d'innocence, dans quel pays votre Grâce compte-t-elle l'aller chercher?

HENRI. Si ce que l'on me dit est vrai, mon cher duc, je n'aurai pas besoin, pour le rencontrer, de mettre le pied sur le continent.

ETHELWOOD. Sans doute le génie protecteur de la vieille Angleterre vous garde cette vierge prédestinée dans quelque coin du royaume ; dans la caverne de Fingal ou dans la grotte de Staffa.

HENRI. Non pas, milord ; sa destinée, toute brillante qu'elle doit être dans l'avenir, est moins poétique dans le passé... Une vieille nourrice l'a élevée à défaut de parens ; elle habite, à trois lieues de Londres, sur les bords de la Tamise, une maison d'assez chétive apparence.

ETHELWOOD. Sire... et le nom de cette jeune fille est sans doute un secret politique trop profond et trop important pour que des yeux aussi indignes que les miens...

HENRI. Non, mon cousin ; et pour ce que je vais réclamer de vous, il est même important que vous la connaissiez... Elle s'appelle Catherine Howard.

ETHELWOOD, *s'appuyant contre un fauteuil.* Catherine Howard !...

HENRI. Oui, milord !... (*Souriant.*) C'est un nom bien inconnu, n'est-ce pas?... si inconnu qu'il n'a fallu rien moins que l'œil de mon alchimiste Fleming pour le déchiffrer dans ce livre de Dieu qu'on appelle la terre, au milieu des douze millions de noms inscrits sur le feuillet qui s'appelle mon royaume.

ETHELWOOD. Et comment Fleming a-t-il découvert?...

HENRI. Oh ! de la manière la plus simple, et sans avoir recours ni aux enchantemens ni aux sortilèges ; il cherchait dans les environs de Londres je ne sais quelle plante nécessaire à ses opérations chimiques, lorsque, surpris par la pluie, il demanda un asile dans la maison isolée qu'habite cette jeune fille. Un trésor si merveilleux le surprit, il connaissait mes intentions ; à son retour il me parla d'elle, et depuis, toutes les cabales d'astres et de nombre lui ont si bien prouvé que c'était la femme qu'il me fallait, jeune, belle et sage, que le vieux fou m'a répondu sur sa tête qu'elle réunissait ces trois qualités...

ETHELWOOD. Et votre Grâce s'est décidée à faire une chose de cette importance sur la seule parole de celui qu'elle nomme un vieux fou?

HENRI. Non pas, duc de Dierham ; car l'aventure qui nous est arrivée avec Anne de Clèves nous a rendu défiant et nous n'engageons plus ainsi d'avance notre amour royal sans savoir si la femme à laquelle nous comptons l'offrir en est bien digne... Aussi, hier, après le conseil, guidé par notre vieil alchimiste, déguisé comme un chevalier des anciens jours, nous avons remonté, dans une barque sans armes et sans livrée, la Tamise jusqu'à l'endroit qu'habite la dame de nos pensées...

ETHELWOOD. Et là...

HENRI. Là..... nous l'avons aperçue, appuyée sur le bras d'une vieille femme... errante au bord de la rivière... mélancolique et rêveuse comme si elle pressentait ses hautes destinées...

ETHELWOOD. Et... et Fleming avait agéré...

HENRI. Non pas!... Fleming est resté -dessous de la vérité... Milord, la beauté une de Boulen, la grâce de Jeanne ymour...

ETHELWOOD. Et vous lui avez parlé?...

HENRI. Non, milord; car, lorsqu'elle a vu que nous ramions vers elle, elle s'est éloignée... Je comptais la revoir aujourd'hui ou demain... mais voilà que cette guerre avec l'Écosse est devenue instante, et va m'ôter tout loisir; j'ai donc pris une nouvelle résolution, milord : vous partirez demain pour l'aller chercher; vous vous composerez parmi mes gens telle suite qu'il vous plaira, et vous amènerez cette jeune fille près de la princesse Marguerite qui, sur ma recommandation, lui fera place parmi ses femmes d'honneur..

ETHELWOOD. Et votre Grâce ne mettra pas un plus long intervalle entre sa rupture avec Anne de Clèves et son mariage avec Catherine Howard?

HENRI. Mon cousin, combien s'est-il écoulé de jours entre le moment où Anne de Boulen monta sur l'échafaud, et celui où Jeanne Seymour monta sur le trône?

ETHELWOOD. Ce qu'il en fallut aux ensevelisseurs pour disposer son corps dans la tombe... trois!

HENRI. Combien s'est-il écoulé d'heures entre la désobéissance de Norris et l'ordre que je donnai de punir de mort cette désobéissance?

ETHELWOOD. Ce qu'il en a fallu au lord chancelier pour aller de la tour de Londres au palais de Greenwich... deux!

HENRI. Et combien s'est-il écoulé de secondes entre la signification de cet ordre et la mort du coupable?

ETHELWOOD. Ce qu'il en fallut au bourreau pour lever et baisser sa hache... une!

HENRI. Très-bien, **milord**, je vois que vous connaissez à fond l'histoire de mon règne... méditez-la!

(Il sort.)

SCENE V.

ETHELWOOD, puis FLEMING.

ETHELWOOD *reste un moment accablé, puis, allant à la porte de Fleming, il l'enfonce violemment.* Fleming!... Fleming!...

FLEMING, *du fond de son caveau.* Hein?...

ETHELWOOD. Sors de ton terrier, renard de Cornouailles!... monte au jour, mécréant!... un chrétien veut te parler!...

FLEMING, *paraissant.* Qu'y a-t-il pour le service de votre seigneurie?

ETHELWOOD. Je quitte le roi.

FLEMING. Dieu le conserve!...

ETHELWOOD, *levant sa toque.* C'est le vœu de tout bon Anglais.

FLEMING. Et je le fais toutes les fois que mes yeux et mes pensées se détachent du ciel pour retomber sur la terre.

ETHELWOOD. Très-bien, maître!.. Mais sa Grâce m'a dit que vous ne vous contentiez pas seulement de faire des vœux pour elle, mais que votre dévouement allait encore jusqu'à tenter d'accomplir les siens.

FLEMING. J'ai mis aux ordres de sa Grâce la faible science que m'a donné l'étude. Il en peut disposer selon sa volonté royale.

ETHELWOOD. Pourvu que sa volonté royale mette à son tour à ta disposition, n'est-ce pas, tout l'or dont tes mains damnées ont besoin pour accomplir l'œuvre que tu poursuis?

FLEMING. Ce n'est qu'en décomposant que l'on parviendra à composer... Et lorsque l'homme aura surpris le secret de Dieu, il sera aussi puissant que lui!..... Milord, je suis bien près d'arriver à un grand résultat!...

ETHELWOOD. Et il te faut pour cela des ruisseaux d'or, n'est-ce pas?... comme il faut des rivières aux fleuves, et des fleuves à l'Océan.

FLEMING. Il m'en faut beaucoup.

ETHELWOOD. Et crois-tu en avoir assez de ce que te donnera Henri pour lui avoir trouvé une femme jeune, belle et vertueuse?...

FLEMING. Oui, car alors toutes les fois que je frapperai le trône de ma baguette, comme Moïse le rocher, au lieu d'une j'en ferai jaillir deux sources.

ETHELWOOD. Et ta soif de l'or t'a empêché de calculer les chances auxquelles tu exposais ta tête, en l'engageant dans une négociation aussi hasardeuse que celle d'un mariage avec Henri, qui, sur quatre femmes, en a déjà fait répudier deux et exécuter une.

FLEMING. J'ai suivi la voix de mon dévouement, qui me disait : Fais cela.

ETHELWOOD. Et celle de la prudence ne t'a point rappelé la disgrâce de Volsey et celle de Norris?

FLEMING. Monseigneur, les choses n'auront point cette fois une issue aussi fatale.

ETHELWOOD. Et qui te l'a dit?

FLEMING. La science.

ETHELWOOD. Eh bien! la science en a menti, savant Fleming!

FLEMING. Comment?

ETHELWOOD. Ce mariage ne peut se faire!...

FLEMING. Pourquoi?

ETHELWOOD. Parce que celle que tu as choisie pour base de tes calculs... Catherine...

FLEMING. Eh bien!

ETHELWOOD. Cette jeune fille que tu veux faire épouser au roi, Catherine Howard, n'est-ce pas?

FLEMING. Oui!

ETHELWOOD. C'est ma femme!

FLEMING. Miséricorde! je suis perdu!...

ETHELWOOD. Oui, Fleming, tu es perdu!... car tu connais la loi qu'a fait rendre Henri après la mort d'Anne de Boulen?...

FLEMING. Je la connais...

ETHELWOOD. Loi qui traîne sur le même échafaud et la reine qui n'a pas avoué être indigne du roi, et quiconque a prêté la main à ce mariage... Ah! tu lui as promis une fiancée jeune, belle et vertueuse!... Catherine est jeune, belle et vertueuse; mais crois-tu que le juge de Catherine d'Aragon et le bourreau d'Anne de Boulen se contente de cette vertu-là?

FLEMING. Mais vous lui avouerez tout, milord, et il pardonnera.

ETHELWOOD. Oui, et comme gage de pardon, il fera de la duchesse de Dierham une dame d'honneur de la princesse Marguerite, et il enverra le duc faire la guerre dans les Higlands..... Non pas, Fleming, non pas.

FLEMING. Oh! monseigneur! monseigneur!... ayez pitié de moi!

ETHELWOOD. Pitié de toi, malheureux?.. de toi, qui par ton imprudence viens de briser l'espoir de toute ma vie!... pitié de toi, qui viens de tirer un voile noir sur mes jours les plus dorés... Et de moi, de moi, mon Dieu! qui donc aura pitié de moi?

FLEMING. Ah! cherchons, cherchons, milord... peut-être y a-t-il un moyen de nous conserver, à vous le bonheur, à moi la vie.

ETHELWOOD. Il y en a un.

FLEMING. Un?

ETHELWOOD. Hasardeux!

FLEMING. N'importe.

ETHELWOOD. Désespéré!...

FLEMING. Dites.

ETHELWOOD. C'est moi que le roi a chargé d'aller chercher Catherine et de l'amener à la cour.

FLEMING. Quand?

ETHELWOOD. Demain.

FLEMING. Ah! mon Dieu!

ETHELWOOD. Il ne faut pas que le roi revoie...

FLEMING. Non, non!..... nous serions perdus, car il l'aime déjà!...

ETHELWOOD. Eh bien!..... Il faut que cette nuit elle meure!...

FLEMING. Milord, les poisons les plus subtils...

ETHELWOOD, *le saisissant*. Infâme!

FLEMING. Grâce!

ETHELWOOD. Il faut qu'elle meure pour le roi et pour le monde!... mais il faut que pour moi..... pour moi seul, elle vive!..... entends-tu bien? qu'elle vive!..... et c'est toi qui me répondras de sa vie.

FLEMING. Tout ce qu'il sera possible à la science humaine de faire, je le ferai.

ETHELWOOD. Eh bien! tu m'as parlé de poisons...

FLEMING. Oui!...

ETHELWOOD. Au lieu d'un breuvage mortel, ne peux-tu me donner une liqueur narcotique?..... n'y a-t-il pas des plantes dont le suc arrête dans les veines, engourdit le cœur, suspend le cours de la vie?..... Le sommeil, dis-moi, ne peut-il pas tellement ressembler à la mort, que l'œil le plus défiant s'y méprenne? Voyons, songe, réfléchis.

FLEMING. Milord, cela se peut; une chronique florentine raconte même que, par un moyen semblable, une jeune fille de la maison des Montaigu...

ETHELWOOD. Mais, toi, peux-tu composer une liqueur semblable?

FLEMING. Parfaitement.

ETHELWOOD. Et répondre de son effet?

FLEMING. Sur ma vie!

ETHELWOOD. Fleming, si tu fais ce que tu promets de faire...

FLEMING. Je le ferai.

ETHELWOOD. Tu m'as dit qu'il te fallait de l'or? eh bien! je t'en donnerai, en échange de cette liqueur, plus que le feu de tes fourneaux n'en pourra fondre pendant la durée de toute une année.

FLEMING. Descendons dans mon laboratoire, milord.
ETHELWOOD. Et dans une heure?
FLEMING. Vous remonterez avec le philtre dont vous avez besoin.
THELWOOD, *s'arrêtant sur la dernière marche.* Un instant, Fleming!..... vous m'avez bien compris!... il y va pour vous, dans cette affaire, de la vie et de la mort!...
FLEMING. Ma vie est à votre discrétion, milord.
ETHELWOOD. Allons!

(Ils descendent ensemble.)

Deuxième Tableau.

La chambre de Catherine, portes latérales, porte au fond laissant voir une campagne. — Une petite table couverte de fruits; du côté opposé, une toilette surmontée d'une glace de Venise.

SCÈNE VI.

CATHERINE, KENNEDY.

(Catherine entre appuyée sur le bras de sa nourrice.)

KENNEDY. Nous rentrons déjà, mon enfant?
CATHERINE. Oui, bonne, car il se fait tard.
KENNEDY. Le soleil se couche à peine, et, à cette heure, l'horizon est si beau, vu du haut de la montagne!
CATHERINE, *souriant.* Oui, magnifique!... mais c'est le même soleil et le même horizon que j'ai vu hier!...

(Elle s'assied.)

KENNEDY. Allons, te voilà encore triste!..
CATHERINE. Non, Kennedy, mais ennuyée.
KENNEDY. Oui, pauvre enfant, c'est l'ennui qui fane tes joues, qui ternit tes yeux, qui brise tes forces... Mais comment peux-tu t'ennuyer au milieu de cette belle campagne, si verte et si riche?...
CATHERINE. Certes, je la trouverais belle si je la voyais pour la première fois.... mais il y a dix-huit ans que je la vois tous les jours.
KENNEDY. Il y a plus du double, moi... et cependant je ne m'en suis pas encore lassée ; c'est que pauvre femme que je suis, sans désirs et sans ambition, j'ai toujours cherché le bonheur dans les choses que je pouvais atteindre, et jamais au-delà.
CATHERINE. Nourrice, tout ce qui est au-delà de ce que nous pouvons atteindre doit être cependant bien beau!... Londres!... on dit que c'est magnifique. Quand donc habiterai-je Londres! mon Dieu!....
KENNEDY. Tu te marieras un jour, mon enfant, tu es trop belle et trop pure pour ne pas trouver un époux riche et noble.
CATHERINE, *vivement.* Oui, n'est-ce pas ?..... et alors nous aurons un palais à Londres..., des barques sur la Tamise, des forêts où nous poursuivrons le gibier, un faucon sur le poing..... suivi de valets et de pages.... Tu viendras avec moi.... parcourir mes terres..... recevoir l'hommage de mes vassaux......, et alors je ne m'ennuierai plus, je serai belle, riche..... je serai puissante, je dirai : je le veux... et tout le monde m'obéira.
KENNEDY. Folle que tu es!..
CATHERINE. Oh! vois-tu, Kennedy, si je croyais toujours rester ainsi, dans cette petite maison isolée....., entre ces murs étouffans... vêtue de ces habits, et entourée de ces meubles si simples ; vois-tu..... j'aimerais mieux me coucher dans un cercueil... pourvu qu'il fût couvert d'un tombeau de marbre...
KENNEDY. Il y a des jours, mon enfant, où les rêves de ton imagination m'effraient.... Crois-moi, ne t'abandonne pas à de pareilles pensées.
CATHERINE. Kennedy, mes pensées sont mon seul bonheur, mes rêves ma seule richesse... laisse-les-moi...
KENNEDY. Allons, je vois bien que tu veux encore être seule, pour te livrer à toutes tes folies..... Depuis un an je m'aperçois que ma présence te gêne, te fatigue.
CATHERINE. Oh! ma bonne mère, tu te trompes, tu es injuste..... mais, vois-tu, dès que je suis seule.... j'entends des voix étranges qui murmurent à mon oreille... je vois des apparitions bizarres qui passent devant mes yeux.... Alors, tout se peuple et s'anime autour de moi... la chaîne des êtres créés ne s'arrête plus à l'homme, elle

monte jusqu'à Dieu..... Il me semble que je parcours avec les yeux tous les degrés de cette échelle lumineuse, dont l'une des extrémités repose sur la terre, et dont l'autre touche au ciel....... Le feu qui pétille..... ce sont des salamandres, qui, en se jouant, soulèvent des milliers d'étincelles... Dans cette eau qui coule sous ces fenêtres... il y a une ondine, qui, toutes les fois que je me penche, me salue comme sa sœur... Cette brise parfumée, qui nous arrive le soir, passe toute chargée de sylphes, qui s'arrêtent dans mes cheveux...... Et salamandres, ondine, sylphes.... murmurent à mon oreille des paroles.... Oh! des paroles à me rendre folle, tu l'as dit...

KENNEDY. Quel âge de bonheur que celui où l'on n'a qu'à fermer les yeux pour voir de semblables merveilles!.... où l'on se console de la vérité par des songes!.... Dors, mon enfant, la nuit vaut mieux que le jour.... Mais prends-y garde: de tous les démons qui visitent les jeunes filles pendant leur veille ou pendant leur sommeil, le plus dangereux et le plus difficile à chasser est celui de l'ambition.

CATHERINE. Celui-là, Kennedy....... ce n'est point un démon, c'est un ange... et c'est le plus beau, le plus séduisant de tous..... C'est le roi du ciel.... car il a des ailes dorées et une couronne sur la tête.

KENNEDY. Bonsoir, ma noble maîtresse...
CATHERINE. Bonsoir, Kennedy.
KENNEDY. Bonsoir, rêveuse. Me voilà plus tranquille, puisque je te laisse au milieu d'une cour de lutins, de fantômes et de fées.

SCENE VII.

CATHERINE, *seule, fermant la porte devant elle et allant en ouvrir une autre.*

Va, ma bonne nourrice, va, et laisse-moi ouvrir la porte par laquelle entrent et sortent tous mes rêves. Ethelwood viendra-t-il ce soir? Ce matin il m'a dit, peut-être..... peut-être est toujours, oui. Il m'aime tant!...... Cependant, s'il m'aimait, aurait-il des secrets pour moi? me cacherait-il son nom, son sang, son titre? quand je me suis donnée à lui, je me suis donnée tout entière, moi ; je n'ai pas séparé mes jours de mes nuits, je ne lui ai pas dit : il y aura tant d'heures pour toi, tant pour le monde; je lui ai dit : me voilà, prend-moi. Oh! quel supplice! serrer dans ses bras un homme qu'on aime, et ignorer quel est cet homme, perdre son esprit dans des rêves d'espoir

insensés peut-être, user les belles et joyeuses années de sa jeunesse dans l'attente, dans l'ignorance, dans l'isolement, ne pas connaître le terme fixé à cette agonie, entendre pour seule réponse à toutes ses questions : plus tard, plus tard. Et tout va se perdre dans ce mot qui creuse incessamment un abîme dans ma vie. Le matin se lève, et j'espère tout apprendre dans la journée ; le soir arrive, et je n'ai rien appris. Bien heureux quand il peut dérober quelques heures, à qui? je n'en sais rien : à une autre peut-être, pour me les donner, à moi, esclave, prisonnière ici, loin du monde. Et me voilà, moi, à cet instant où les heures de plaisir passent joyeuses sur les villes, me voilà seule et triste, attendant mon mari, qui me viendra peut-être, mon mari qui a un titre, un rang, j'en suis sûre...... et qui ne me donne ni rang, ni titre........ Si cependant j'étais à Londres avec lui maintenant, au lieu de me dépouiller de ces modestes habits, dont la simplicité m'humilie, pour demander avant l'heure un sommeil qui ne viendra pas, je m'assiérais devant ma toilette!..... (*Elle s'assied devant une glace.*) Je choisirais dans ces écrins qu'il m'a donnés, et qui me sont inutiles, les bijoux les plus riches. (*Elle ouvre ses écrins.*) Je mettrais ce collier de perles à mon cou, ces diamans à mes oreilles, ces bracelets à mes bras. Parmi ces simples fleurs qui parent mes cheveux, ces épis de diamans trouveraient place. Cette ceinture de pierreries, nouée autour de ma taille, en ferait ressortir l'élégance. Un page nous précéderait ; on ouvrirait devant nous des salons resplendissans de lumière ; et quand je paraîtrais..... oh! si mon miroir ne ment pas, tout le monde dirait : une reine n'est pas plus parée, une reine n'est pas plus belle... (*Se retournant et apercevant Ethelwood debout près de la porte, et qui a entendu la fin du monologue.*) Oh!...... oh! Ethelwood mon ami, je ne t'avais pas vu.

SCENE VIII.
CATHERINE, ETHELWOOD.

ETHELWOOD. Je conçois. Vous étiez occupée de soins trop importans pour remarquer mon arrivée...

CATHERINE. Me trouvez-vous jolie?...

ETHELWOOD. Si mon portrait, entouré de rubis ou d'émeraudes, s'était trouvé par hasard pendu à ce collier, ou encadré sur ce bracelet.... Oh! oui peut-être alors il y aurait eu parmi vos pensées de coquetterie un souvenir momentané d'amour.

CATHERINE. Me trouvez-vous jolie?

ETHELWOOD. Oh! que trop pour mon malheur, madame.

CATHERINE. Alors, remerciez le ciel, qui m'a fait ainsi pour vous ; et venez m'embrasser, monseigneur. (*Ethelwood la prend dans ses bras, mais sans l'embrasser.*) D'ailleurs, je me suis parée par instinct ; je me suis faite belle par pressentiment. (*Mettant la main sur son cœur.*) Je vous sentais venir là......... Quittez donc cet air soucieux, voyons, asseyez-vous, et moi je vais me mettre à vos pieds, mon gentil chevalier, mon beau baron, mon noble comte....... Par lequel de ces titres faut-il que je vous appelle?

(*Elle va chercher un tabouret et s'assied.*)

ETHELWOOD. Par aucun de ces titres, car aucun ne m'appartient.

CATHERINE. Comment êtes-vous donc venu... que je n'ai point entendu le galop de votre cheval, de votre merveilleux Ralph, qui vient si vite... et qui s'en va si lentement.

ETHELWOOD. J'ai remonté la Tamise dans une barque de pêcheur ; car aujourd'hui, plus que jamais, je craignais d'être reconnu.

CATHERINE. Toujours mystérieux..... mais tu as donc des motifs bien puissants!

ETHELWOOD. Juge de mon amour, puisque je te les cache à toi, qui es ma vie.

CATHERINE. Oh! si tu m'aimais...

ETHELWOOD. Ecoute, Catherine ; doute de ton existence, de ton ame, de Dieu!... doute de la lumière du jour quand le soleil le plus ardent embrase le ciel, mais ne doute pas de mon amour... car jamais femme ne fut aimée par un homme, comme toi par moi...

CATHERINE. Pardon, mon ami.

ETHELWOOD, *lui prenant la tête dans ses mains.* Oh! mais regarde-moi donc!... moi... ne pas t'aimer!.... mais mon cœur jusqu'à son dernier battement, ma vie jusqu'à son dernier souffle, mon sang jusqu'à la dernière goutte, tout cela est à toi, Catherine... Et elle dit que je ne l'aime pas, mon Dieu, elle le dit!...

CATHERINE. Non, non, je ne le dis plus....

ETHELWOOD. Et si je te perdais, vois-tu.... Si un autre!... Oh! Seigneur!... Seigneur!...

CATHERINE. Qu'as-tu?

ETHELWOOD. Je souffre.

CATHERINE. Toi?

ETHELWOOD. Oui... je suis fatigué. Le front me brûle... j'ai soif...

CATHERINE, *se levant.* Je vais vous servir, mon seigneur.

(*Pendant que Catherine va ouvrir un buffet gothique, Ethelwood tire un flacon de sa poitrine, et verse une partie de ce qu'il contient dans le vase d'argent ciselé qui se trouve sur la table.*)

ETHELWOOD. Mon Dieu, pardonnez-moi !... c'est tenter votre puissance.

CATHERINE. A défaut de page, voulez-vous que sois votre échanson?

(*Ethelwood tend le verre, Catherine verse.*)

ETHELWOOD. Merci.

CATHERINE. Comme ta main tremble...

ETHELWOOD, *toujours assis et la prenant dans ses bras.* Catherine, Catherine !..... Oh !... jamais, jamais...

CATHERINE. Oh! comme vous êtes triste aujourd'hui ; voyons, quel moyen y a-t-il de vous distraire?... Voulez-vous que je vous dise une ballade sur un ancien roi d'Angleterre nommé Edgar, qui a épousé une vassale... la belle Elfride.

ETHELWOOD. Mais chaque mot qu'elle me dit est une torture nouvelle.

CATHERINE. Vous m'écoutez?

ETHELWOOD. Oui.

Dans une route enfoncée,
Le roi, du haut d'un rocher,
Aperçoit la fiancée
De Richard le franc-archer.
Il s'élance sur sa trace :
Ah! lui dit-il, prends de grâce
Mon bras jusqu'à ta maison.
— Non.

— Ecoute-moi, jeune fille,
Voudrais-tu pas t'allier,
Toi, vassale et sans famille,
A moi, noble et chevalier?
Tu serais dame appelée,
Et sur ta main gantelée,
Tu porterais un faucon.
— Non.

— Mais peut-être de baronne
Le rang te séduirait-il?
Je puis t'offrir la couronne
Où s'enlace le tortil ;
Et deux lionnes dressées,
De chaque côté placées,
Soutiendront ton écusson.
— Non.

— Si tu deviens ma maîtresse,
Mon cœur, prompt à s'embraser,
Fait du titre de comtesse
Le prix d'un premier baiser.
La couronne au titre est jointe,
Et porte sur chaque pointe
Une perle pour fleuron.
— Non.

Brillante entre tes rivales,
Dès demain, si tu le veux,
Les escarboucles ducales
Se noieront dans tes cheveux,
Et sur ta couronne insigne
L'or des feuilles de la vigne
Imitera le feston.
— Non.

— D'un mot tu peux être reine;
Dis ce mot; car je suis roi,
Et ma suite souveraine
S'inclinera devant toi.
Une couronne royale
Peut, crois-moi, d'une vassale
Séduire l'œil ébloui.
— Oui.

ETHELWOOD. Et telle est la fin des amours de la belle Elfride?
CATHERINE. Est-ce que son histoire ne finit pas bien, elle devient reine.
ETHELWOOD. Mais Richard?
CATHERINE. Quel Richard?
ETHELWOOD. Son amant.
CATHERINE. La ballade n'en dit plus rien.
ETHELWOOD. Ainsi pas un souvenir pour le pauvre abandonné, ni dans l'ame de sa maîtresse, ni dans les vers du poëte. Je serai moins ingrat qu'eux, je boirai à sa mémoire.

(Il tient le verre sans le porter à sa bouche.)

CATHERINE, le regardant. Eh bien!
ETHELWOOD. Eh bien! oublieuse que vous êtes, ne vous rappelez-vous plus les habitudes de nos amours? Ai-je jamais porté à ma bouche un verre sans que vos lèvres l'aient touché auparavant, sans que je pusse chercher sur ses bords la place où elles l'avaient pressé... Voyons, ma belle Elfride, non, ma Catherine..... je me trompe..... A la mémoire de Richard....
(Catherine boit ; Ethelwood la suit des yeux tout haletant, prêt à lui arracher le verre des lèvres, puis le jette à ses pieds en criant :)
O Catherine, Catherine! pardonne-moi.
CATHERINE. Quoi donc?
ETHELWOOD. C'est qu'il le fallait, vois-tu ; c'est qu'il n'y avait que ce seul moyen... que cette unique ressource...
CATHERINE. Mais que veux-tu dire?...
ETHELWOOD. Nous étions perdus sans cela... nous étions à jamais séparés; tu pâlis... Catherine.
CATHERINE. Oui, oui, je ne sais ce que j'éprouve..... un vertige, un éblouissement!...
ETHELWOOD. Mon Dieu...
CATHERINE. Ma poitrine brûle, mon front est en feu... oh! mais cette sueur est mortelle...
ETHELWOOD. Oh! malheur sur moi, malheur!... La voir souffrir ainsi... oh! ne valait-il pas mieux...
CATHERINE. Laisse-moi... laisse-moi... de l'eau, de l'eau... j'étouffe... oh! par grâce... par pitié, mon Ethel... Mais je sens que je meurs... à moi... au secours!...
ETHELWOOD, la prenant dans ses bras. Non, non, pas un cri...
CATHERINE, portant les mains à sa tête. Des fleurs, des bijoux!... (Les arrachant.) Désespoir..... oh! la vie, la vie, mon Dieu...
ETHELWOOD. Mais tu ne mourras pas...
CATHERINE. Si jeune, si jeune, mourir... oh! mon Dieu, ayez pitié! Kennedy, Kennedy... oh! miséricorde... je ne vois plus... je meurs.
(Elle se débat entre les bras d'Ethelwood et tombe en le repoussant.)

ETHELWOOD, couché sur elle et la serrant dans ses bras. Oh! Catherine, Catherine! Maintenant, oh! je suis sûr au moins que nous mourrons ou que nous vivrons ensemble...

(Il l'embrasse encore, va à la porte par laquelle est sortie Kennedy, l'ouvre, prend une sonnette et sonne violemment, puis revient à Catherine, l'embrasse une fois encore, et disparaît par la même porte par laquelle il est entré. Aussitôt Kennedy paraît effrayée à la porte du fond.)

KENNEDY. Catherine, mon enfant..... que t'arrive-t-il..... ah!..... évanouie..... pâle..... (Mettant la main sur son cœur.) Sans battement... (S'approchant de sa bouche.) Sans souffle... morte!... morte!...

FIN DU PREMIER ACTE.

ACTE II.

Troisième Tableau.

La sépulture de la famille des Dierham, à un demi-quart de lieue de Londres; une seule porte au fonds pour sortir dans la plaine; plusieurs marches pour arriver à cette porte, quelques tombeaux de chevaliers et de dames, avec leurs statues couchées dessus, les hommes ayant un lion aux pieds, les femmes un levrier. Sur le devant, et à gauche de la scène, une tombe ouverte dans laquelle est couchée Catherine Howard; derrière elle, un bénitier protégé par un ange saxon.

SCENE PREMIERE.

ETHELWOOD, *appuyé contre le tombeau en face;* UN PRÊTRE, *accomplissant les derniers rites d'un enterrement catholique;* KENNEDY, JEUNES FILLES.

LE PRÊTRE. Heureux ceux qui meurent jeunes et qui se couchent dans la tombe avec leur robe d'innocence, car ils s'endorment sur la terre et se réveillent dans le ciel! Ce n'est plus nous maintenant, douce et blanche colombe, qui prions pour toi! c'est toi qui prie pour nous; conserve toi là-haut dans la grâce du Seigneur, comme tu t'es conservée ici-bas dans sa miséricorde.

(Il prend un rameau de buis, le trempe dans le bénitier et le secoue sur elle.)

KENNEDY, *se jetant sur le tombeau.* Mon enfant, ma pauvre enfant! oh! qui m'aurait dit jamais que ce serait moi qui te fermerais les yeux et qui te déposerais dans le tombeau. Oh! c'est une épreuve cruelle que le Seigneur m'avait réservée... Catherine, Catherine!... Oh! mais il est impossible que Dieu me l'ait reprise si jeune! Oh! mon enfant, mon enfant chérie!..... mon Dieu, Seigneur, mon Dieu!

(Deux femmes l'entraînent.)

UNE JEUNE FILLE. Dors en paix, notre sœur chérie, tu étais trop belle pour ce monde; Dieu a vu qu'il lui manquait un ange, et il t'a rappelée; sans doute en ce moment tu planes déjà au-dessus de nous avec tes ailes blanches et ton auréole d'or, jouis de ta gloire éternelle, et, puisque tu nous aimais sur la terre, protége-nous du ciel.

(Les jeunes filles jettent de l'eau bénite.)

ETHELWOOD, *quittant sa place et prenant le rameau des mains de la dernière jeune fille.* A mon tour, Catherine, à mon tour à jeter l'eau sainte sur ton corps glacé. (*Tout le monde sort du tombeau; Ethelwood reste seul.*) Oui, Fleming m'a tenu religieusement parole. Son sommeil est bien le frère jumeau de la mort, et, s'il n'était mon ouvrage, mes yeux eux-mêmes se tromperaient à la ressemblance... Fragilité de l'existence humaine! quelques gouttes, tirées de certaines plantes, suffisent pour la suspendre; quelques gouttes de plus, elle était éteinte, et l'âme qui étincelait dans ces yeux maintenant fermés, qui vibrait dans cette voix maintenant muette, qui donnait la vie et la pensée à ce corps maintenant immobile et froid, s'envolait alors à jamais, et remontait à la source des choses. Qu'est-elle devenue pendant cette léthargie, qui est plus que le sommeil et qui est moins que la mort? Voltige-t-elle dans le pays des songes, dort-elle comme une lampe sainte enfermée dans le tabernacle? est-elle allée heurter à la porte de ce monde inconnu qu'on appelle l'éternité?... et lorsque le sang recommencera à circuler dans ces veines, lorsque la pensée reviendra animer l'esprit, et que cette âme, exilée un instant, rentrera dans ce corps, comme une reine dans son palais, aura-t-elle mémoire des choses de ce monde ou des choses du ciel qu'elle aura vues pendant ces deux jours? Oh! je conçois que l'assassin n'ait pas de remords à la vue de sa victime, car si ce corps inanimé n'est pas heureux, il est bien tranquille du moins! —Oh! Catherine, Catherine! ne vaudrait-il pas mieux que je me couchasse près de toi dans ce tombeau, que j'en fisse sceller le couvercle sur nos têtes et que nous dormissions ainsi dans les bras l'un de l'autre jusqu'au jour du réveil éternel, plutôt que de remettre nos jours aux hasards du monde et aux chances de la fortune. Qui sait ce que Dieu garde pour nous, dans sa main, de bonheur ou de calamités? qui sait si un jour tu me béniras ou me maudiras de ton réveil?... car il n'y a d'avenir certain que celui de la tombe, et celui-là, pourquoi l'attendre, puisque si facilement on peut aller au devant? Oh! Catherine! (*Il se baisse et l'embrasse au front.*) Dieu!... mon Dieu!... elle a tressailli, je crois... ma voix a été chercher son âme jusqu'au fond de son sommeil. Oh! Catherine, Catherine! reviens à toi, plus de pensées de mort... la vie, la vie... avec toi heureuse ou malheureuse, dans la joie ou dans le désespoir... Mais, ô mon Dieu, oh! la vie, la vie!... (*Se retournant vers la porte du tombeau qui s'ouvre.*) Malheur! qui vient ici?... et comment, imprudent que je suis, n'ai-je pas fermé cette porte derrière la dernière personne qui est sortie? (*Faisant quelques pas vers l'entrée, puis reculant avec effroi.*) Le roi... le roi ici! (*Revenant au tombeau et se courbant sur lui.*) Puissances des ténèbres, faites peser sur ses yeux votre sommeil de fer, et qu'ils ne se rouvrent plutôt jamais que de se rouvrir maintenant.

SCÈNE II.

HENRI, ETHELWOOD.

HENRI, *après avoir avoir fermé la porte et se trouvant un instant dans les ténèbres.* Duc de Dierham, où êtes-vous?

ETHELWOOD, *allant au-devant du roi.* Me voilà, Sire.

HENRI, *s'appuyant sur lui.* Bien, Ethelwood... bien; vous êtes mon fidèle, vous... Où est-elle?

ETHELWOOD, *montrant le tombeau de la main.* Là.

HENRI. Je te remercie, milord, de l'avoir fait déposer dans les caveaux de ta famille... huit jours plus tard, je te donne ma parole royale qu'elle eût dormi dans ceux de Westminster.

ETHELWOOD. Sire, la femme sur laquelle votre Grâce avait daigné jeter les yeux pendant sa vie devait être, même après sa mort, un objet de respect et de vénération pour moi. Mais comment votre Grâce est-elle descendue seule?

HENRI. J'ai voulu la voir encore une fois avant que le tombeau se fermât sur elle... Lorsque les gens de ma maison qui t'avaient accompagné hier matin sont revenus me dire que vous l'aviez trouvée morte, et que tu étais resté pour lui rendre les derniers devoirs, je ne voulais pas croire à cette nouvelle... et comprends-tu, Ethelwood... moi qui resterais impassible devant la chute de mon trône, eh bien! en apprenant la mort de cette enfant, mon cœur s'est gonflé... mes yeux se sont remplis de larmes!... Oh! il faut que je la voie encore une fois!...

ETHELWOOD, *avec une résolution désespérée, tire son poignard d'une main, de l'autre lève le voile qui couvre Catherine, et prenant la lampe, il l'approche de sa figure.* Regardez-la donc, Sire...

LE ROI, *la regardant fixement.* Morte, morte, morte!... (*Levant les yeux au ciel.*) J'ai donc bien offensé Dieu!... Une étoile se levait sur l'Angleterre et sur moi... la mort souffle dessus et l'éteint... Cette femme m'eût peut-être fait meilleur et plus juste cependant... car, en dissipant la tristesse qui entoure mon âme comme un nuage, elle l'eût éclairée. Misérable pouvoir humain, si puissant pour détruire, si impuissant pour rendre à la vie!

ETHELWOOD. Sire, au nom du ciel...

HENRI. Oh! s'appeler Henri VIII, être roi d'Angleterre, être aussi grand que François 1er, aussi riche que Charles-Quint; n'avoir qu'à souffler sur une flotte pour la pousser d'un monde à l'autre, n'avoir qu'à choquer sa lance contre son bouclier pour soulever des armées, et se sentir ici... devant ce tombeau, aussi faible, aussi impuissant que le dernier des êtres créés auxquels s'arrête la chaîne de la vie!... Oh! presser cette main entre mes mains royales, et ne pouvoir la réchauffer.

ETHELWOOD, *touchant l'autre main.* Presse cette main, Henri, je te le permets, car cette main est froide encore...

HENRI. Catherine, ma belle fiancée! (*lui mettant un anneau au doigt*) porte au moins dans la tombe cet anneau que tu n'as pu porter sur le trône. Oh! si je pouvais racheter ta vie, quelle rançon royale j'en donnerais! — Que vous faut-il, mon Dieu, et que demandez-vous pour souffler une seconde fois sur cette âme?...

ETHELWOOD. Malédiction!... son cœur commence à battre...

HENRI. Seigneur, Seigneur, n'avez-vous pas deux balances pour peser les destinées humaines? est-il vrai que souverains et sujets soient égaux devant vos yeux? et la mort entre-t-elle d'un pas aussi insouciant dans les palais que dans les chaumières?... des genoux royaux qui plient, une tête couronnée qui implore, ne peuvent-ils pas obtenir davantage de vous, qu'un misérable moine dans sa cellule, ou qu'un malheureux bûcheron dans sa cabane?... Ce n'était qu'une pauvre femme, celle qui vous priait de lui rendre sa fille morte, et cependant vous avez pris sa fille par la main, vous lui avez dit : Levez-vous ! et elle s'est levée... Mais aussi cette femme... c'était une mère !...

ETHELWOOD, *écoutant*. Elle respire !... Sire, vous ne pouvez rester plus long-tems ici. Ces regrets sont une profanation, ces paroles des blasphèmes pour tenter la puissance de Dieu...

HENRI. Mais sortir... je ne le puis, je ne puis m'arracher de cette tombe...

ETHELWOOD. Damnation ! elle s'éveille ! Sire ! Sire !... laissons dormir les morts dans leurs suaires, ou tremblons qu'il ne se dressent devant nous, pour nous maudire d'oser troubler ainsi leur dernier sommeil. (*Il entraîne le roi.*) Venez !... venez !...

(*Ethelwood sort avec le roi, ferme la porte du tombeau à clef.*)

SCENE III.

CATHERINE, *seule, et soulevant un bras qu'elle laisse retomber.*

Ah !... mon Dieu !... quel sommeil de plomb !... Il me semble que je suis attachée à ce lit..., et qu'il me sera impossible de me soulever. (*Elle se soulève sur ses mains.*) Mes yeux ne peuvent s'ouvrir !... (*Portant la main à son front.*) Que mon front est lourd ! (*Touchant sa couronne blanche.*) Tiens, je me suis couchée avec ma couronne. Kennedy, Kennedy.... La nuit encore... Oh ! j'aurais cru qu'il faisait jour. J'ai froid, moi... J'ai peur ! (*Elle descend du tombeau, et se laisse presque tomber sur les marches.*) Oh ! je suis brisée...... Des marches.... une lampe !.... (*Touchant le monument.*) Du marbre ! (*Se levant avec effroi.*) Une tombe ! (*Marchant et traînant son suaire après elle.*) Un linceul !... O mon Dieu ! Mais, où suis-je donc ! dans un caveau funéraire, au milieu des morts... (*Avec effroi.*) Oh ! Seigneur, Seigneur.... oh ! s'ils allaient soulever la pierre de leur monument, se réveiller comme moi, descendre de leur tombeau.... pendant que je suis seule ici.... si profondément cachée dans les entrailles de la terre, que l'œil même de Dieu ne peut plus pénétrer jusqu'à moi. (*Courant à la colonne où est l'ange, la prenant entre ses bras, et trempant sa main dans l'eau bénite.*) Ange du sépulcre ! ange gardien des morts, protège-moi. (*Après une pause.*) Oh ! mais que m'est-il donc arrivé ?... Voyons.... Rappelons mes pensées. Tout est calme, tout est tranquille. Je suis folle d'avoir peur. Ethelwood est venu comme d'habitude hier avant-hier, je ne sais plus, puis j'ai éprouvé des douleurs affreuses.... j'ai cru mourir, je me suis évanouie.... oui, je me le rappelle..... et alors... alors ! (*Avec désespoir.*) On m'a cru morte, et l'on m'a enterrée ! ah !.. vivante... vivante. Et nulle issue. Cette porte.... (*Elle court à la porte, met la main à la serrure ; puis, ne trouvant pas la clef, secoue la porte.*) Fermée..... Miséricorde ! (*Elle redescend les marches précipitamment et vient tomber à genoux sur le milieu du théâtre.*) Miséricorde ! mon Dieu !...

(*Elle s'affaisse sur elle-même et reste presque évanouie.*)

SCENE IV.

CATHERINE, ETHELWOOD.

ETHELWOOD *ouvre la porte du fond, la referme, marche droit au tombeau, et le voyant vide, il appelle :* Catherine !

CATHERINE, *se soulevant sur un bras.* On m'appelle, je crois.

ETHELWOOD. Catherine !

CATHERINE, *se levant d'un bond.* Me voilà !...

ETHELWOOD, *se précipitant vers elle.* Ah !...

CATHERINE. Ethelwood.... je suis sauvée !... Ethelwood, mon ami, que m'est-il donc arrivé ?

ETHELWOOD. Laisse-moi t'embrasser d'abord....

CATHERINE. Pouvons-nous sortir d'ici ?

ETHELWOOD. Oui, oui, laisse-moi te presser dans mes bras, sur mon cœur, m'assurer que tu vis, que tu vis pour moi, pour moi seul.

CATHERINE. Oui, pour toi, pour toi seul... Mais sortons, sortons... j'ai besoin d'air !...

ETHELWOOD. Catherine, quelques minutes encore.... je t'en supplie au nom de notre amour.... qui vient d'échapper à peine à un horrible danger.

CATHERINE, *se pressant contre lui.* Oui, c'est bien. Mais, dis-moi, ne me quitte pas !... comment se fait-il... que je me trouve ici.... au milieu de ces tombeaux... seule, enfermée, couchée sur l'un d'eux ?.. comment se fait-il que te voilà ? toi... accouru... arrivé comme mon bon ange, pour me rendre à la lumière, et pour me sauver la vie ?... parle, voyons... comment tout cela se fait-il ?...

ÉTHELWOOD. Oui, je vais tout te dire, car le moment est venu pour moi de n'avoir plus de secrets pour mon ange bien aimée.

CATHERINE. Je vais savoir qui tu es?

ÉTHELWOOD. Oui, et je puis te l'avouer avec fierté, car peu de noms remontent aussi haut dans l'histoire de la Vieille-Angleterre que celui des ducs de Dierham.

CATHERINE. Tu es duc?

ÉTHELWOOD. Oui, ma Catherine, duc de Dierham, marquis de Derby, pair d'Angleterre, membre de la chambre haute.

CATHERINE, *le serrant dans ses bras*. Oh! mais tu occupes une des premières places de l'état.

ÉTHELWOOD. Le roi seul est au-dessus des pairs d'Angleterre, encore ne leur donne-t-il des ordres qu'en les appelant ses cousins.

CATHERINE. Et moi.... moi je partagerai tout cela : honneurs, position, fortune....

ÉTHELWOOD. En te donnant mon cœur, ne t'ai-je pas donné tout cela, et maintenant que je t'ai donné tout cela, ne suis-je pas prêt à te donner ma vie?

CATHERINE. Ainsi tu m'emmèneras à la cour?

ÉTHELWOOD. Écoute.

CATHERINE. Dis, voyons.

ÉTHELWOOD. Tu as entendu parler du roi Henri, de ses amours ensanglantées ou dissolues.

CATHERINE. Oui.

ÉTHELWOOD. Eh bien! dès que je t'aimai, un soupçon me mordit le cœur, je songeai à Henri, je tremblai de t'emmener à la cour; car rien ne lui est sacré, sa bouche royale n'a qu'à souffler sur l'honneur d'une femme pour le ternir. Je te cachai donc qui j'étais, tant je tremblais qu'une indiscrétion échappée à toi-même ne vint détruire mon bonheur qui repose tout entier sur toi. Un an s'écoula ainsi, un an de félicité, pendant lequel je te voyais toutes les nuits, tandis que le jour, forcé par ma position d'être près du roi, je donnai à tout ce qui m'entourait le change sur mes sentimens secrets, en feignant de porter l'ambition de mes désirs jusqu'à la princesse Marguerite!..

CATHERINE. La sœur du roi?

ÉTHELWOOD. Oh! oui, mais c'était toi qui me tenais tout le cœur et toute la pensée, c'était toi dont le souvenir ne me quittait pas un instant....

CATHERINE. Oui, je sais bien tout cela, mon ami, mais tu ne me dis pas pourquoi?...

ÉTHELWOOD. Eh bien! tout ce que j'avais craint est arrivé; il y a quatre jours, le roi t'a vue!...

CATHERINE. Le roi m'a vue!... moi.

ÉTHELWOOD. Oui.

CATHERINE. Et?...

ÉTHELWOOD. Et il t'aime.

CATHERINE. Moi!...

ÉTHELWOOD. Ou croit t'aimer du moins, et te désire.... Alors tu comprends... de ce moment nous étions perdus tous deux si je ne trouvais un moyen.... Un alchimiste habile me fournit, à prix d'or, une liqueur narcotique dont la vertu assoupissante possède un effet rapide et profond.... Avant-hier je versai cette liqueur dans ton verre, et lorsque hier les envoyés du roi vinrent te chercher pour te conduire près de la princesse Marguerite, qui avait daigné t'accorder une place parmi ses dames d'honneur....... ils trouvèrent Kennedy pleurant sur ma belle Catherine, que tout le monde crut morte et qui n'était qu'endormie.

CATHERINE. Tout le monde... et le roi aussi?

ÉTHELWOOD. Oh! c'était son erreur à lui surtout qui nous était essentielle.

CATHERINE. Et il n'a eu aucun doute?...

ÉTHELWOOD. Aucun, car ce qui aurait dû nous perdre nous sauva.

CATHERINE. Comment?

ÉTHELWOOD. Tandis que j'étais près de ce tombeau, attendant ton premier souffle, ton premier soupir, ton premier regard... le roi, défiant sans doute, apparut à cette porte.

CATHERINE. Le roi!

ÉTHELWOOD. Descendit ces degrés, vint vers ce tombeau où je l'attendais un poignard à la main; car, je te le jure, Catherine, son premier soupçon eût été sa mort.

CATHERINE. Vous eussiez tué le roi, milord?...

ÉTHELWOOD. Plutôt que de te perdre : oh! je n'aurais pas hésité, je te le jure!... mais tout nous seconda: vainement sa main passa cette bague à ton doigt...

CATHERINE, *regardant, et à part*. Un anneau de fiançailles!...

ÉTHELWOOD. Ta main resta glacée dans la sienne. Vainement sa voix t'appela, rien ne se réveilla en toi pour répondre à cet appel funeste!....... Vainement ses lèvres adultères déposèrent un baiser sur ton front, ton front resta pâle comme il est resté pur. Ainsi maintenant nul doute, nul soupçon pour lui. Tu es bien la proie de la mort et de la tombe. Merci à mon digne alchimiste, merci !

CATHERINE. Et tu n'as pas songé que ce breuvage pouvait être mortel? et si, au lieu d'un narcotique, cet homme t'eût donné un poison?...

ETHELWOOD. J'avais prévu ce cas.

CATHERINE. Et...

ETHELWOOD. Et je ne t'avais versé que la moitié du flacon.

CATHERINE. Oh! n'importe, c'est affreux! vivre, vivre, et que tout le monde me croie morte!

ETHELWOOD. Mais ne m'as-tu pas dit vingt fois, dans ces heures d'amour si douces et si rapides, ne m'as-tu pas dit, mon ange bien-aimé, que tu voudrais un monde qui n'appartînt qu'à nous deux, pour que rien ne pût nous distraire ou nous séparer?.... eh bien ! ce monde, il est à toi.... A côté du monde des vivans qui se ferme, il s'en est ouvert un autre devant toi, un monde d'amour. Oublie donc celui que tu quittes, comme il t'a déjà oubliée... Dès que je le pourrai, j'abandonne l'Angleterre..... je t'emmène en France : là, puisque tu aimes, et c'est tout simple, car tu es jeune et belle ; là, dis-je, puisque tu aimes les plaisirs et la folle joie des fêtes royales, nous trouverons une cour plus magnifique et moins triste surtout que celle de Henri. Ma fortune et mon titre, qui seront les tiens, t'y assurent une place brillante..... Voyons, oh! dis-moi donc que j'ai bien fait, et que tout cela te rend heureuse !

CATHERINE. Oui... mais d'ici là où habiterons-nous?

ETHELWOOD. Dans le château de Dierham, dont voici le caveau.

CATHERINE. Loin de Londres?

ETHELWOOD. A dix minutes de chemin environ.

CATHERINE. Ne se peut-il pas que j'y sois vue?

ETHELWOOD. Oh! mais tu te cacheras à tous les yeux.

CATHERINE. Oui, c'est cela, et je n'aurai que changé de tombe !...

ETHELWOOD. Catherine, maintenant que tu sais tout, maintenant que le roi et sa suite sont partis, quittons ce caveau.

CATHERINE. Déjà!...

ETHELWOOD. Viens.

CATHERINE. Vois auparavant si personne ne peut nous apercevoir... si tout est assez calme, si la nuit est assez sombre.

ETHELWOOD. Mais toi?

CATHERINE. Oh! je resterai un instant ici ; je n'ai pas peur!

ETHELWOOD. Tu as raison ; j'y vais.

(Il sort.)

SCENE V.

CATHERINE, *seule*.

Oui, c'est bizarre... tout me semble changé ici depuis ce qu'Ethelwood vient de me dire. Henri VIII m'aime ! Le roi d'Angleterre est descendu dans ce caveau pour revoir encore une fois la pauvre Catherine Howard !.. Comment ne me suis-je pas réveillée en sursaut au bruit de ses pas, au son de sa voix?... Il s'est arrêté où je suis.... Ses pieds étaient sans doute où sont les miens. C'est ici qu'il a incliné vers moi son front couronné.... c'est ici qu'il a posé ses mains royales. Voilà l'anneau, l'anneau de fiancée qu'il m'a mis au doigt!... Oh ! mais il m'aime donc ardemment?.. Insensée!.. Il me croit morte !...

(Elle appuie sa tête sur le tombeau.)

SCENE VI.

CATHERINE, ETHELWOOD.

ETHELWOOD, *de la porte*. Catherine!

CATHERINE, *se relevant*. Hein?

ETHELWOOD. Catherine, viens, tout est tranquille ; sors de ce caveau funéraire.

CATHERINE, *allant à lui*. Ethelwood, tâche que ton palais me paraisse aussi beau !

Quatrième Tableau.

Une chambre du château de Dierham.

SCÈNE VII.

ETHELWOOD, *près d'une fenêtre ouverte, la tête posée dans ses mains;* CATHERINE, *entrant.*

CATHERINE, *allant à Ethelwood et lui donnant la main.* Monseigneur...

ETHELWOOD. Oh! c'est vous... Soyez la bien-venue pour mon cœur. Comment ma belle Catherine a-t-elle reposé cette nuit dans sa nouvelle demeure?

CATHERINE. Je n'ai pas dormi un seul instant.

ETHELWOOD. Et cependant vos yeux sont brillans, et votre teint rosé, comme si le sommeil avait secoué sur vous toutes les fleurs de la nuit.

CATHERINE. C'est que la veille a parfois des songes aussi doux que ceux du sommeil; c'est que le bonheur et l'espoir rendent aussi les yeux brillans et les joues rosées.

ETHELWOOD. Vous êtes donc heureuse?

CATHERINE. Oh! oui, depuis que vous m'avez promis que nous ne quitterions pas l'Angleterre.

ETHELWOOD. Mais si nous ne quittons pas l'Angleterre, ma belle duchesse, il vous faut renoncer à ce titre, aux plaisirs de la cour de France, au bonheur de vous entendre dire vingt fois le jour que vous êtes belle.

CATHERINE. Vous me le direz, vous.

ETHELWOOD. Mais vous vous lasserez de l'entendre toujours répéter par la même bouche.

CATHERINE. Oh! non.

ETHELWOOD. Chère ange!

CATHERINE. Mais, dis-moi, pourquoi m'as-tu reléguée dans l'appartement le plus reculé de ce château; il me semble cependant que la vue que l'on découvre de cette chambre est beaucoup plus belle, et durant tes absences, car, tu me l'as dit, tu seras obligé d'aller de tems en tems à la cour, cette vue m'eût été une distraction.

ETHELWOOD. Catherine, cette chambre a toujours été la mienne. Un changement dans mes habitudes eût pu faire naître des soupçons; mes pages, mes domestiques y viennent chercher, à chaque heure du jour, mes ordres; si quelque étranger s'arrête au château, c'est ici qu'on le conduit à l'instant; tu vois que j'avais tout calculé, et que c'était une chose impossible.

CATHERINE. Mais je pourrai, n'est-ce pas, car d'ici l'on découvre la route, je crois, y venir épier ton retour, te saluer de loin avec mon mouchoir, et te dire par un signe ce que je ne pourrai te dire encore avec la voix: Viens vite, car je t'aime, je pense à toi, et je t'attends.

ETHELWOOD. Mais le château tout entier n'est-il pas vôtre, mon amour? — Oui, viens ici, mais jamais sans les plus grandes précautions, n'est-ce pas, jamais sans fermer cette porte comme je vais le faire?

CATHERINE. Dis-moi, c'est Londres que l'on découvre d'ici?

ETHELWOOD. Oui.

CATHERINE. Est-ce qu'on peut apercevoir le palais de White-Hall?

ETHELWOOD. Le voici.

CATHERINE. C'est la résidence royale, n'est-ce pas?

ETHELWOOD. Pendant l'hiver; l'été, le roi habite Greenwich.

CATHERINE. C'est dans ce palais que fut conduite Anne de Boulen lorsqu'elle monta sur le trône?

ETHELWOOD. C'est vrai.

CATHERINE. Anne de Boulen était de petite noblesse, je crois, et le roi qui la fit marquise de Pembroke, lorsqu'elle n'était encore que dame d'honneur de Catherine d'Aragon?

ETHELWOOD. Pourquoi me fais-tu ces questions?

CATHERINE. C'est que l'on m'a raconté que lorsqu'elle se rendit du palais de Greenwich à Londres, elle avait une suite royale; elle remonta, m'a-t-on dit, la Tamise dans une barque aux armes d'Angleterre, suivie de cent autres bateaux remplis les uns d'officiers de la maison du roi, les autres de dames nobles et de musiciens: dis-moi, est-il vrai que, lorsqu'elle mit le pied sur la rive, on lui jeta sur les épaules un manteau de reine, et qu'elle monta dans une litière de satin blanc ou verte de tous côtés, afin que le peuple pût contempler à son ai.., celle qui allait régner sur lui? C'est Kennedy qui m'a raconté tout cela.

ETHELWOOD. Elle ne t'a pas trompée.

CATHERINE. Aux deux côtés de sa litière, n'est-ce pas, marchaient le connétable et le grand-maréchal; derrière elle venaient les femmes de la grande noblesse d'Angleterre, les ambassadeurs de France et de Venise, puis trois cents gentilshommes montés sur de magnifiques chevaux? (*Remarquant le regard fixe et étonné d'Ethelwood.*) N'est-ce pas, vêtue de ce magnifique costume , et avec cette suite splendide, qu'Anne de Boulen arriva à la porte du palais de White-Hall où l'attendait le roi?

ETHELWOOD. Et trois ans après elle sortit par la même porte vêtue de noir et accompagnée d'un seul prêtre pour se rendre à la Tour de Londres où l'attendait le bourreau.

CATHERINE. Elle avait mérité son sort en trompant le roi; car, enfin, elle jeta, en présence de toute la cour, au tournois de Greenwich, son bouquet à un chevalier.

ETHELWOOD. Vous êtes admirablement instruite de toutes ces choses, ma belle savante, et c'est un nouveau mérite que je ne vous connaissais pas.

(*Il va pour lui baiser la main, touche de ses lèvres l'anneau que le roi lui a mis au doigt, et tressaille.*)

CATHERINE. Qu'as-tu donc?...

ETHELWOOD. Rien.

CATHERINE. Mais, enfin?

ETHELWOOD. Je n'ose.

CATHERINE. Voyons,

ETHELWOOD. Et si c'est un sacrifice que je vais te demander.

CATHERINE. Dites toujours .... et nous verrons si nous vous aimons assez pour vous le faire.

ETHELWOOD. Cette bague.....

CATHERINE. Eh bien!

ETHELWOOD. En baisant ta main tout à l'heure, je l'ai rencontrée sous mes lèvres: et cette bague te fut donnée par un autre que par moi... tiens-tu à la conserver?

CATHERINE. Ne trouves-tu pas qu'elle va bien à ma main et qu'elle en fait ressortir la blancheur?

ETHELWOOD. Mais, cher amour, ta main est assez belle et assez blanche sans elle... donne-la-moi.

CATHERINE. Un anneau qui vient d'un roi est une chose rare et curieuse à conserver.....

ETHELWOOD. Oui, mais lorsque ce roi l'a donné comme gage d'amour...

CATHERINE. Tu es donc jaloux...

ETHELWOOD. Oui, je l'avoue, Catherine..... oui, je suis jaloux, et il est bien heureux, je crois, que nous vivions ainsi séparés du monde, car ce que j'aurais souffert lorsque je t'aurais vue l'objet des désirs et de l'adoration des autres hommes, non, cela ne peut s'exprimer. Oui, j'aurais été jaloux de tout, j'aurais pris en haine celui que ta robe aurait effleuré en passant. Oh! Catherine, Catherine! (*Se jetant à ses pieds.*) Oui, je sais que c'est de la folie, que je suis un extravagant, un insensé, mais n'importe, tu me plaindras, tu auras pitié de moi, tu ne me briseras pas le cœur en gardant cette bague...

CATHERINE, *se levant.* Ethelwood.... sur la route de Londres..... là-bas..... Vois-tu pas une troupe de cavaliers qui vient de ce côté? elle prend l'avenue de ton château.

ETHELWOOD. En effet!... quels sont ces hommes, et que viennent-ils faire?

(*Il se penche en dehors de la fenêtre.*)

CATHERINE, *à part.* Il oubliera l'anneau!...

ETHELWOOD. Mais je ne me trompe pas... Mon Dieu!... c'est lui... lui!... Que me veut-il encore?...

CATHERINE. Qui lui?

ETHELWOOD. Henri d'Angleterre.

CATHERINE, *faisant un mouvement pour s'élancer vers la fenêtre.* Le roi...

ETHELWOOD, *la repoussant.* Oui, oui, le roi! (*L'entraînant.*). Fuis à l'instant, Catherine, rentre, rentre chez toi, je t'en supplie; et, au nom du ciel, au nom de notre amour, au nom de ma vie... oh! cache mon trésor à tous les yeux. (*S'arrêtant au milieu de la chambre.*). Entends-tu le son du cor?... il est là... à la porte... il monte... il va venir...(*La poussant dehors.*) Il vient!..

(*Catherine disparaît, Ethelwood tire la tapisserie sur la porte par laquelle elle est sortie.*)

ETHELWOOD, *seul.* Que vient-il faire?.. Aurait-il appris que je l'ai trompé... Oh! non, car alors c'est le grand-chancelier qui serait venu, et non pas lui.

UN PAGE, *annonçant.* Sa Grâce le roi.

SCENE VIII.

HENRI, ETHELWOOD.

ETHELWOOD, *s'inclinant.* Sire...

HENRI. Bonjour, milord.

ETHELWOOD. Votre Grâce chez moi, Sire... quel honneur!..

HENRI. Il faut bien que je te vienne chercher dans ton château de Dierham, puisque tu ne viens plus me voir dans mon palais de White-Hall.

ETHELWOOD. Un ordre de votre Grâce, et à l'instant même je m'y rendais...

HENRI. Oui; mais j'avais à te parler de choses instantes et secrètes; et les murs ont là-bas tant d'oreilles ouvertes autour de ma bouche, que j'ai préféré venir te les dire ici devant ces vieilles tapisseries.

(Catherine soulève la portière et écoute.)

ETHELWOOD, *présentant un siège au roi.* Votre Grâce daignera-t-elle?

(Le roi s'assied, Ethelwood reste debout.)

HENRI. Merci.

ETHELWOOD. Maintenant, oserai-je demander à votre Grâce comment elle a supporté depuis deux jours le chagrin dont je l'ai vue si cruellement atteinte.

HENRI. Milord, telle est notre condition royale, que rien n'est à nous, pas même la douleur. Oui, oui, la blessure est là, ouverte et saignante; mais l'Angleterre désolée me montre la sienne ouverte et saignante aussi; et je dois songer à elle avant de songer à moi.

ETHELWOOD. Comment, Sire?

HENRI. Oui, Olivier Sainclair et Maxwell sont entrés sur le territoire anglais à la tête de quinze mille hommes; toutes les marches de l'ouest sont en feu, et nous n'avons à leur opposer de ce côté que Thomas Dacre et John Musgrave avec quatre ou cinq cents chevaliers et hommes d'armes.

ETHELWOOD. Sire, tout ce qu'il y a de noblesse en Angleterre se levera comme un seul homme, et marchera contre l'ennemi commun.

HENRI. Oui, milord, et c'est moi qui la commanderai; mais une guerre en Écosse, une guerre d'extermination, comme celle que je veux y faire, n'est point une entreprise de quelques jours, et pendant mon absence, Londres, veuve de son roi, reste exposée aux intrigues de Charles-Quint et de Paul III. Ma sévérité envers les catholiques, sévérité qui portera son fruit dans l'avenir, j'en suis certain, a semé le mécontentement et la haine dans le haut clergé: je ne puis donc quitter Londres, qu'en y laissant mon pouvoir royal entre des mains fortes et puissantes.

ETHELWOOD. Sire, vous avez le duc de Norfolk.

HENRI. Homme de guerre et voilà tout, qui n'a qu'un bras et pas de tête.

ETHELWOOD. Sir Thomas Cranmer.

HENRI. Qui au fond du cœur protège le clergé catholique, et qui n'a accueilli la réforme que pour garder son évêché d'York, et son archevêché de Cantorbéry.

ETHELWOOD. Le comte de Sussex.

HENRI. C'est cela. Un jeune fou, qui encombrera mes archives de décrets somptuaires sur la coupe des pourpoints et la couleur des robes. Non, milord.... il me faut pour vice-gérant de mon royaume un homme de cœur et de tête, de courage et de prudence; il faut surtout que cet homme m'aime, et, plus que moi encore, aime l'Angleterre...Voyons, milord, songes-y... Ne sais-tu pas quel est l'homme qui réunit ces qualités?

ETHELWOOD. Non, Sire, je vous le jure.

HENRI. Vous êtes bien modeste, ou bien aveugle, mon cousin....

ETHELWOOD. Comment! il se pourrait que votre Grâce eût songé?...

HENRI. Ah! tu devines enfin. Eh bien, oui, milord, tu es l'homme qu'il me faut, aimé du peuple, qui te verra arriver à ce rang avec plaisir; estimé de la noblesse, qui t'y verra rester sans envie. D'ailleurs, écoute-moi, milord, j'ai encore autre chose à te dire: un projet qui étoufferait le murmure dans la bouche du plus hardi.

ETHELWOOD. Parlez, Sire.

HENRI. Depuis un an tu as rêvé un honneur plus grand encore que celui que je t'offre.

ETHELWOOD. Moi?

HENRI. Ta bouche, je le sais, n'a point prononcé un mot qui pût trahir ton secret; mais tes yeux, milord, l'ont appris à quiconque a voulu se donner la peine de le lire... Milord, tu aimes ma sœur....

ETHELWOOD. Sire...

HENRI. J'ai interrogé hier la princesse Marguerite sur ses sentiments à ton égard.

ETHELWOOD. Elle ne m'aime pas.... elle....

HENRI. Elle t'aime.

ETHELWOOD. Mon Dieu!

HENRI. Cette fois au moins, mon cœur et ma politique seront d'accord. (*Tendant la main à Ethelwood.*) Tu seras heureux, Ethelwood, et ton bonheur assurera ma tranquillité, alors, en laissant, non seulement un ami, mais un frère, gérant du royaume..... je pars sans crainte, car s'il m'arrive malheur, comme la loi m'a autorisé, vu l'illégitimité de la naissance des princesses Marie et Élisabeth, et la faiblesse de la santé du prince Édouard, à me nommer, de ma seule autorité, un successeur. (*Se levant.*) Alors, frère, je te laisserai un testament, dont le grand-chancelier aura le double.

ETHELWOOD. Sire!...

HENRI. Eh bien!

ETHELWOOD. Oh! c'est trop de bonté pour moi.... indigne que je suis.

HENRI. Comment?

ETHELWOOD. Oui, car je ne puis rien accepter de ce que m'offre votre Grâce.

HENRI. Heim! qu'est-ce à dire? milord... vous devenez fou, ce me semble?

ETHELWOOD. Sire... je comprends combien je dois vous paraître ingrat et insensé.... mais je ne le puis, Sire, je vous jure... non, je ne le puis.

HENRI, *avec le ton de la menace.* Milord!... vous réfléchirez.

ETHELWOOD, *relevant la tête.* Sire, mes réflexions sont faites.

HENRI. Vous refusez la régence du royaume?

ETHELWOOD. Je suis reconnaissant de l'honneur que veut me faire votre Grâce... mais je ne puis l'accepter.

HENRI. Vous refusez la main de la princesse Marguerite?

ETHELWOOD. Je sais combien peu je devais m'attendre à l'offre d'une pareille alliance.... Aussi je me rends justice, en m'en déclarant indigne.

HENRI. Et vous ne songez pas qu'après l'ami vient le roi, après la prière, l'ordre.

ETHELWOOD. Sire, au nom de ce que vous avez de plus cher, ayez pitié de moi, Sire... sauvez-moi de ma propre destinée! Votre prière a fait de moi un ingrat....... votre ordre en ferait un rebelle....

HENRI. C'est ce que je serais curieux de voir.

ETHELWOOD, *s'avançant pour lui prendre la main.* Oh! je supplie votre Grâce...

HENRI, *le repoussant.* Arrière, milord!

ETHELWOOD, *portant la main à son épée.* Sire!...

HENRI. Prenez-y garde, mon cousin. Vous venez de toucher la garde de votre épée en présence du roi, et c'est crime de haute trahison.

ETHELWOOD. Mais que faire! ô mon Dieu!... que faire!...

HENRI. Milord, nous avons vu luire autour de notre trône des fortunes plus brillantes que la vôtre, nous avons soufflé dessus, et elles se sont éteintes.

ETHELWOOD. Je le sais...

HENRI. Vous êtes marquis de Derby, je crois, n'est-ce pas? oui, duc de Dierham, et puis encore pair d'Angleterre; vous possédez trois cents villages, habités par dix mille vassaux; vous êtes riche et puissant parmi les princes... Eh bien! je puis arracher lambeaux par lambeaux, vos titres et votre fortune, et vous jeter à l'orage et à la tempête plus pauvre et plus nu que le mendiant qui s'assied aux portes de mon palais.

ETHELWOOD. Vous le pouvez.

HENRI. Je puis vous traîner devant la chambre des pairs, où vous avez encore votre siège, vous y accuser de haute trahison, oui, de haute trahison, milord, car vous avez porté la main à la garde de votre épée, et cela en notre présence royale.

ETHELWOOD. Je ne le nierai pas.

HENRI. Et lorsque le jugement de mort aura été prononcé, vous montrer du doigt l'échafaud de Dudley, d'Empson et de Cromwell.

ETHELWOOD. J'y monterai.

HENRI. Oh! c'en est trop, milord, et nous verrons lequel pliera de nous deux. (*Il fait quelques pas pour sortir, Ethelwood le suit.*) Restez.

ETHELWOOD. Sire, je suis encore marquis de Derby, duc de Dierham, pair d'Angleterre, le château où votre Grâce se trouve en ce moment est à moi; un jugement de la chambre haute ne m'a point encore déclaré traître... Je suis donc toujours votre sujet et votre féal; à ce titre il est de mon droit de vous reconduire jusqu'à la porte où votre suite vous attend, et de mon devoir de vous présenter le genou pour monter à cheval.

HENRI. Venez donc, milord, mais nous vous donnons notre parole royale que c'est la dernière fois que nous vous accordons cet honneur.

(*Ils sortent.*)

SCÈNE IX.

CATHERINE, *seule, s'avançant lentement.*

Il est beau!... ah! voilà donc le roi, celui qui m'aime, l'homme qui est descendu dans ma tombe, qui a passé à mon doigt cet anneau de fiançailles, qui a mis sur ma tête une couronne. Comme il est fort et puissant, au milieu de tout ce qui l'entoure, cet homme à qui il faut une île pour se mouvoir et respirer à l'aise! comme ils sont faibles et petits auprès de lui, ces comtes, ces marquis et ces ducs qui forment le cortège étoilé du soleil de l'Angleterre!..... oh! les voilà tous (*regardant par la fenêtre*) tête nue et inclinée, tandis que lui passe au milieu d'eux tête haute, et couverte...... Mais, que vois-je Ethelwood pliant le genou, et lui présentant l'étrier... Ethelwood, un homme, un noble, mon mari ; quelle honte !... Oh! le voilà qui part, emporté vers cette ville dont toutes les portes vont s'ouvrir pour le recevoir, suivi de cette troupe de courtisans, dont pas un n'osera essuyer la poussière que le cheval du roi fera voler jusqu'à son front !... Oh ! roi, roi, poursuis ta course, hausse-toi de la bassesse de ceux qui t'entourent, plus tu mettras d'hommes sous tes pieds, plus tu seras grand et plus celle que tu feras asseoir près de toi sera grande !... Si je devenais veuve !...

SCÈNE X.

CATHERINE, ETHELWOOD, *entrant pâle et agité*.

ETHELWOOD. Catherine !
CATHERINE, *suivant le roi des yeux*. Me voici.
ETHELWOOD. Bien, bien, écoute, attends, une plume, un parchemin.
CATHERINE. Que faites-vous ?

(Il se met à une table et écrit.)

ETHELWOOD, *écrivant*. Où étais-tu pendant que le roi était ici ?
CATHERINE. Derrière cette tapisserie.
ETHELWOOD, *écrivant toujours*. Et tu as entendu ?
CATHERINE. Tout !
ETHELWOOD. Tu sais que mes biens sont confisqués ?
CATHERINE. Oui.
ETHELWOOD. Que je n'ai plus de titres ?
CATHERINE. Oui.
ETHELWOOD. Que ma vie même est menacée ?
CATHERINE. Oui, oui, mais le roi se laissera fléchir !...
ETHELWOOD, *se levant et la regardant*. Et tu sais pour qui je perds tout ?
CATHERINE, *se jetant dans ses bras*. Oui, je le sais.
ETHELWOOD. Eh bien! le moment que j'attendais est venu.
CATHERINE. Que veux-tu dire ?
ETHELWOOD. Maintenant je puis te rendre ce que tu as fait pour moi.
CATHERINE. Comment?
ETHELWOOD. Lorsque tu craignais que cette liqueur narcotique ne fût un poison, je te montrai le flacon à moitié plein encore.
CATHERINE. Oh ! mon Dieu !

ETHELWOOD. Eh bien ! Catherine, ma bien-aimée, à mon tour de faire pour notre bonheur ce que tu as fait pour le mien, à mon tour de descendre avant l'âge, marqué pour moi, dans le tombeau, comme tu y es descendue ; à mon tour de mourir pour les hommes et pour le monde, et mort pour eux de renaître pour toi.
CATHERINE. Oh ! ne fais pas cela.
ETHELWOOD, *lui montrant le flacon vide*. Regarde !
CATHERINE. Vide !... miséricorde, je veux appeler au secours, je veux !...
ETHELWOOD. Silence ! et songe que nous n'avons pas une minute à perdre, mes instans sont comptés, et j'ai mille choses à te dire.
CATHERINE. Ethelwood !... Ethelwood !.. au nom du ciel !... oh ! comme il pâlit !..
ETHELWOOD. Catherine ! oh ! ne t'effraie pas ; tu sais bien que cette mort n'est que feinte. Ce parchemin que l'on trouvera sur moi indique que, craignant la colère de Henri, voulant échapper à la honte de l'échafaud, je me suis empoisonné... Ma mort paraîtra donc probable à tous, et personne n'en doutera, car elle aura un motif évident.
CATHERINE. Ethelwood ! Ethelwood ! c'est tenter Dieu !
ETHELWOOD. Je lui ai déjà confié un trésor plus cher, et qu'il m'a rendu. Laisse-moi donc te dire encore quelques mots, car je sens, oh ! je sens que la mort vient. Ecoute, je suis le dernier de ma race, pas de famille, pas de parens, pas d'amis peut être. Moi mort, mon nom est éteint, et mes biens appartiennent au roi : oh ! sois tranquille, il me reste assez d'or et de pierreries pour acheter un autre duché.
CATHERINE, *préoccupée*. Que dis-tu ?
ETHELWOOD. Je dis que, du jour où la porte du tombeau sera tirée sur moi, personne ne pensera plus au dernier cadavre qu'elle séparera de la terre des vivans, personne ne viendra s'agenouiller sur le seuil de cette porte, et dire en pleurant : Mon Dieu ! Seigneur ! il était bien jeune, et vous êtes bien cruel... Toi seule conserveras parmi les hommes mémoire et souvenir de moi ; toi seule songeras à celui qui sera renfermé dans ce tombeau, dont la porte ne pourra se rouvrir qu'avec deux clefs !
CATHERINE. Deux ?
ETHELWOOD. Oui ; dont l'une sera remise au roi, comme à mon héritier.
CATHERINE. Et l'autre ?
ETHELWOOD, *lui mettant une clef dans la main*. A toi, comme à ma femme.
CATHERINE. Non, non ! garde cette

et lorsque tu te réveilleras, tu t'en serviras toi-même.

ETHELWOOD. Et qui la déposera près de moi? As-tu oublié que tu ne peux paraître à mes funérailles?

CATHERINE, *prenant la clef.* Ah! c'est vrai!

ETHELWOOD. Bien. Maintenant, chère ame, maintenant entoure mes derniers momens de douces caresses et de tendres paroles ; (*tombant à genoux*) que tant que je pourrai voir, je lise dans tes yeux un réveil d'amour et de bonheur ; (*Catherine tombe sur un sofa*) que tant que je pourrai entendre, dis-moi que tu m'aimes avec cette voix si douce et si mélodieuse, qu'elle me fera tressaillir dans mon sommeil; car tu seras là, épiant mon retour à la vie, la vue fixée sur mes yeux, la main posée sur mon cœur. (*Tressaillant.*) Oh! cette bague encore, cette bague, rends-la moi.

CATHERINE. La voici.

ETHELWOOD. Que je t'aime, et que je suis heureux de ton amour! Oh! parle-moi donc, dis-moi donc que tu m'aimes, que tu m'appartiens, que tu es heureuse d'être à moi. Oh! tes lèvres! tes lèvres adorées!...

CATHERINE. Ethelwood, mon ami.—J ne sais que lui dire.

(Elle le prend convulsivement dans ses bras et l'embrasse.)

ETHELWOOD, *se relevant.* Oh! ne m'embrasse pas ainsi, je ne pourrais, je ne voudrais plus te quitter, même une heure. Le feu de ton haleine brûle mon sang... de l'air... j'étouffe... Catherine! (*Il tombe.*) Catherine!...

CATHERINE, *inclinée sur un genou, lui posant la tête sur l'autre.* Oh! mon Dieu! mon Dieu!

ETHELWOOD. Je ne vois plus, je n'entends plus... Ta main... (*La lui serrant avec force.*) Ta main, où donc est-elle?... Oh! Catherine! mon amour! mon ange! ma bien-aimée... Adieu, adieu, à demain.

(La tête d'Ethelwood glisse du genou de Catherine et tombe à terre ; Catherine contemple un instant ce corps étendu devant elle; puis, les lèvres tremblantes, mais sans parler, elle lui pose la main sur le cœur, et, sentant qu'il a cessé de battre, elle lui tire du doigt l'anneau royal et le passe au sien.)

FIN DU DEUXIÈME ACTE.

ACTE III.

Cinquième Tableau.

Même decoration qu'au premier acte.

SCÈNE PREMIÈRE.

HENRI, LA PRINCESSE MARGUERITE.

MARGUERITE, *couchée aux pieds du roi et la tête sur ses genoux.* Oh! monseigneur, monseigneur, permettez-moi de pleurer devant vous, car vous seul pouvez savoir pourquoi je pleure!... Je l'aimais tant, et depuis si long-tems!

HENRI. Du courage, mon enfant!

MARGUERITE. Quand avant-hier vous tiez au désespoir, comme j'y suis aujourd'hui, vous ai-je dit, moi : Du courage, mon frère? Non... je vous ai dit : Pleurez, car vous avez le cœur plein de larmes!

HENRI. Mais tu le vois, moi j'ai renfermé cette douleur... et nul ne pourrait dire maintenant que j'ai tant souffert.

MARGUERITE. Oh! ce n'était pas votre premier amour, à vous, et il n'y avait pas deux ans que vous le gardiez dans votre cœur, comme un avare son trésor!... puis vous êtes homme et roi : entre la politique et l'ambition, une femme tient peu de place dans votre vie... Mais moi, moi qui ne rêvais qu'un bonheur solitaire et ignoré, moi qui désire autant descendre les marches du trône, qu'un autre désire peut-être les monter!... Dites-moi donc, Henri, quel vent, venu de la terre au lieu de venir du ciel, souffle donc autour de votre palais... et dessèche ainsi tout ce qui est jeune et beau? Oh! Henri! Henri! vous avez tant donné à la mort, que la mort vous le rend!...

HENRI. Et cependant, je te le jure, Marguerite, pas une des condamnations que j'ai rendues ne pèse à ma conscience, pas un spectre ne tourmente mon sommeil... Voyons, est-ce la mort d'Empson et de Dudley que tu me reproches? mais je n'ai fait que confirmer le jugement rendu contre eux, sous le règne du roi mon père. Est-ce la condamnation de Tolsay, débauché, prévaricateur et assassin, qui avait teint sa robe de cardinal, non dans la pourpre, mais dans le sang? Est-ce l'exécution de Fischer, criminel d'état, traître de haute trahison, à qui j'eusse cependant fait grâce, si Paul III, en lui envoyant dans sa prison le chapeau de cardinal, ne m'eût provoqué à lui envoyer la tête de l'archevêque? Est-ce la mort du lâche Cromwell, parti de si bas pour arriver si haut, qui se fit pour monter un marche-pied du corps de son prédécesseur, et que les pleurs des veuves et des orphelins avaient soulevé jusqu'au trône?... Je ne parle pas du supplice d'Anne de Boulen, condamnée, non par moi, mais par un tribunal composé de pairs, de généraux et d'archevêques. La sentence a été rendue par eux, et non par moi. J'ai mis ma signature au bas, et voilà tout... Oh! non, non, ma sœur, tout cela est l'œuvre d'un hasard funeste, et non la punition de Dieu.

(Il se lève et se promène.)

MARGUERITE, *toujours agenouillée.* Oh! mon frère, vous avez plus perdu que personne; car parmi tous ces courtisans qui flattent le roi, c'était le seul homme qui aimât Henri.

HENRI. Je le sais.

MARGUERITE. C'est une perte qui fait pencher le trône.

HENRI. Je le sais.

MARGUERITE. C'était ce qu'il y avait de plus noble parmi la noblesse, de plus brave parmi les braves.

HENRI. Je le sais.

MARGUERITE. Et cependant!... c'est vous qui l'avez menacé, mon frère! c'est vous qui l'avez poussé à cette affreuse extrémité! c'est vous qui êtes cause!...

HENRI. Tais-toi! tais-toi! je jetterais dans le gouffre qui tourbillonne sous cette fenêtre mon sceptre, ma couronne, mon trésor royal tout entier, pour ne lui avoir pas fait les menaces que je lui ai faites!..

MARGUERITE. Oui, mais vous les lui avez faites, mon frère, et il est mort!...

(La porte du fond s'ouvre; un huissier paraît)

HENRI. Silence! Marguerite. Voici les membres de la chambre haute, dont il faisait partie, qui reviennent de conduire le deuil. Rentre chez toi.

MARGUERITE. Non, je vous prie, laissez-moi encore une fois entendre parler de lui. Son nom sera assez vite oublié, allez!... Je serai courageuse, je serai calme; nul ne saura que j'ai pleuré, nul ne verra que je souffre... Laissez-moi voir ceux qui le quittent, et qui ont fermé hier sur lui la porte qui ne se rouvre jamais.

UN HUISSIER. Milords de la chambre haute.

LE ROI. Faites entrer.

SCENE II.

LES PRÉCÉDENS; LES MEMBRES DU PARLEMENT.

(Les membres du parlement entrent; tandis que le roi monte à son trône, ils se rangent au fond.)

SUSSEX, *portant une clef sur un coussin de velours, s'agenouille devant le roi.* Sire, nous avons déposé hier dans la dernière demeure la dépouille mortelle de milord Ethelwood, marquis de Derby, duc de Dierham, pair d'Angleterre. C'était le dernier et le plus noble d'une noble et antique race; nous avons donc, selon l'usage et selon la loi, fermé sur lui la porte du tombeau, où il dort au milieu de ses pères; et moi, le plus jeune de la noblesse, j'ai été choisi pour vous en remettre la clef, car votre Grâce, en qualité de roi d'Angleterre, est l'héritier naturel de toute noble famille qui s'éteint. Voici cette clef, Sire; elle a séparé hier pour toujours du monde des vivans l'un des plus nobles cœurs qui aient jamais battu dans une poitrine anglaise.

HENRI. Merci, comte de Sussex. Mettez ce coussin et cette clef sur cette table. (*Un huissier lui prend le coussin des mains et le dépose.*) Merci, messieurs et milords. Vous avez perdu un collègue, et moi un ami; et je pense, comme vous le pensez sans doute, que pour vous et pour moi, c'est une perte irréparable. Je reçois ces biens et ces titres, non comme un héritage, mais comme un dépôt!.... Vienne un homme qui les mérite par une loyauté pareille, et par un courage égal, celui-là sera son véritable héritier!... Allez, messieurs et milords, nous vous remercions encore une fois, et prions Dieu qu'il vous ait en sa sainte et digne garde. (*Les pairs s'inclinent et se retirent lentement. A Marguerite.*) Tu vois, Marguerite, ces hommes qui s'éloignent? c'est la réunion de ce que la noblesse d'Angleterre a de plus pur, de plus brave et de plus puissant. Eh bien! choisis parmi eux, et, quel que soit l'homme de ton choix, je te jure qu'il ajoutera à ses titres ceux de marquis de Derby et de duc de Dierham, et à ces honneurs, celui de devenir le beau-frère de Henri d'Angleterre.

MARGUERITE. Merci! Henri. Le monde vous connaît mal, vous êtes bon. Non! le cœur qui a aimé Ethelwood n'aimera plus personne que Dieu!... et de toutes les richesses, et de tous les biens de ce monde, je ne veux rien (*à part. et prenant la clef*), rien que la clef de ce tombeau. (*Haut*). Adieu, Henri, mon frère bien-aimé, adieu!...

(Elle sort.)

SCÈNE III.

HENRI, seul.

Allons, mon cœur, ferme-toi aussi comme la porte d'une tombe, car aussi bien l'amour que tu renfermes n'est plus qu'un cadavre! O! Catherine! Catherine!

UN HUISSIER, *entrant*. Sire, une jeune fille, qui désire une audience de votre Grâce, attend depuis une heure à cette porte.

HENRI. Une jeune fille! que me veut-elle? Ce n'est point mon jour d'audience publique, qu'elle s'adresse au grand chambellan.

L'HUISSIER. C'est à votre Grâce seule qu'elle désire parler.

HENRI. D'où est-elle?

L'HUISSIER. Du bourg de Richmont.

HENRI. C'est près de ce village que demeurait Catherine! Faites entrer cette enfant! (*L'huissier sort.*) Quelque compagne qui l'aura connue, et qui vient me demander une dot pour son amant.

L'HUISSIER. Entrez!

(Le roi fait un signe, l'huissier sort.)

SCÈNE IV.

LE ROI, CATHERINE, *voilée, s'arrête près de la porte.*

HENRI. Que voulez-vous, mon enfant? (*Catherine s'avance lentement vers le roi, met un genou en terre, et lui présente la bague qu'il lui a donnée*). Mon anneau!... qui êtes-vous donc? (*Il écarte vivement le voile de Catherine, qui reste à genoux pâle et les yeux baissés.*) Catherine Howard!!... Que veut dire ceci? mon Dieu! est-ce une ombre? est-ce une réalité?... (*La prenant dans ses bras et la soulevant.*) Vivante!... Oh! mais je vous ai vue couchée sur le monument, enveloppée d'un linceul... pâle et glacée comme une statue de marbre!... Comment Dieu a-t-il permis que vous vous levassiez de la couche mortuaire?... Oh! parlez, dites, dites... Votre voix seule me prouvera que vous n'êtes pas un fantôme.

CATHERINE. Sire, suis-je la première jeune fille que l'on crut morte, et qui n'était qu'évanouie, et qui se réveilla dans le cercueil où on l'avait déposée?

HENRI. Oh! mais si cela est vrai, parle-moi d'une autre voix et avec un autre accent; que la vie revienne dans tes yeux, la rougeur sur tes joues; ou, sans cela, je ne croirai pas, je ne pourrai pas croire. — Oh!... mais sais-tu que je t'aimais?

CATHERINE. On me l'a dit.

HENRI. Sais-tu que je suis descendu désespéré dans ta tombe?

CATHERINE. On me l'a dit.

HENRI. Sais-tu enfin que c'est moi-même qui t'ai passé au doigt cet anneau.

CATHERINE. On me l'a dit encore, et je vous le rapporte, Sire.

HENRI. Ton sommeil était-il donc si profond que tu n'aies souvenir de rien de ce qui s'est accompli pendant le tems où tu dormais?

CATHERINE. De rien.

HENRI. Mais le passé?

CATHERINE. Je l'ai oublié.

HENRI. Tout entier?

CATHERINE. Oui. Je ne vis, je ne puis vivre que depuis l'heure où je suis sortie de la tombe, et mes souvenirs ne remontent pas au-delà. Mon existence se sera divisée en deux parts, l'une perdue dans la nuit, l'autre noyée dans la lumière!...

HENRI. Mais, ma bien-aimée Catherine, comment es-tu sortie de ce tombeau?

CATHERINE, *regardant une clef qu'elle tient serrée dans sa main*. Toute tombe a une clef qui la ferme et qui la rouvre.

HENRI. Oh! mon Dieu!

CATHERINE. Qu'avez-vous?

HENRI. Je m'épouvante à l'idée que tu pouvais rester enfermée dans ce sépulcre, vivante entre les morts, sans que personne sût que tu étais là!

CATHERINE, *tressaillant*. Oui! c'eût été bien affreux!

HENRI. Mais te figures-tu? se réveiller dans le cercueil; se trouver seule, attendre vainement un secours qui ne vient pas! sentir les minutes, les heures s'en aller, puis la faim venir!

CATHERINE, *les yeux fixes et portant la main à sa tête*. Atroce! atroce!...

HENRI. Et si j'avais su un jour cela!... que tandis que j'étais ici dans mon palais, m'enivrant de la lumière du jour, un être aimé, la moitié de mon cœur, souffrait de pareilles tortures, se roulait dans la nuit du sépulcre, heurtant sa tête à l'angle d'une tombe, maudissant Dieu!

CATHERINE. Grâce!

(*Elle tombe sans connaissance.*)

HENRI. Évanouie! évanouie! mon Dieu! Elle n'a pu supporter un pareil souvenir... De l'air! il lui faut de l'air. (*Il la porte près de la fenêtre.*) Catherine! ma belle Catherine! reviens à toi! mais tu n'as plus rien à craindre. Dieu n'a pas voulu que, si belle et si jeune, tu fusses perdue pour le monde. Catherine! rouvre tes beaux yeux! que ma voix soit cette fois plus puissante qu'elle ne l'a été la première... Catherine! Catherine! (*Elle rouvre, sans faire de mouvement, ses yeux qui restent fixes.*) Oh! la voilà!... Me vois-tu? m'entends-tu?

CATHERINE. Oui.

HENRI. Mais ta mémoire?

CATHERINE. Je suis au palais de White-Hall; voilà le trône; vous êtes le roi, et il me manque un anneau à cette main.

HENRI. Le voilà. Garde-le maintenant pour ne plus le quitter.

CATHERINE. Ainsi, vous renouvelez à Catherine vivante les promesses faites à Catherine morte?

HENRI. Toutes.

CATHERINE, *regardant la clef.* Oh! redites-les-moi, car je ne les ai pas entendues, et j'ai besoin de les entendre. Parlez-moi, Sire, dites-moi de ces paroles magiques qui endorment les souvenirs, qui charment l'esprit, qui enivrent le cœur... dites, dites, j'écoute.

HENRI. Eh bien! oui, tout ce qu'une femme jeune et belle peut rêver dans ses songes les plus dorés, tu l'auras; partout où ma puissance pourra s'étendre, tu diras: Je le veux... Voyons, ma belle Catherine, es-tu contente?

CATHERINE. Parlez, parlez toujours.

HENRI. Ce palais, ce trône, tu les partageras avec moi; tous les enivremens du luxe et de la puissance, tu les épuiseras; les bals, les fêtes, les tournois, où tu seras deux fois reine, se renouvelleront chaque jour, pour ne pas laisser un instant d'ennui à ton cœur; et tu seras heureuse, n'est-ce pas?

CATHERINE. Le croyez-vous?

HENRI. Qui donc pourrait troubler ton bonheur, élue du ciel que tu es... jeune, belle, aimée...

CATHERINE, *se levant.* Et reine!

HENRI. Dès ce soir, oui, dès ce soir, l'archevêque de Cantorbéry nous unira, et demain, à ton lever, le manteau royal sur les épaules, la couronne sur la tête, en face de ma cour, de l'Angleterre, de l'Europe, du monde, je proclamerai Catherine Howard la femme de Henri VIII; et ma cour, l'Europe, le monde répondront, inclinés devant toi: Salut à la reine d'Angleterre et de France!

CATHERINE, *regardant vivement par la fenêtre.* Sire, l'eau qui coule au-dessous de cette fenêtre est-elle bien profonde?

HENRI. C'est un gouffre. (*Lui voyant étendre le bras qui tient la clef.*) Que fais-tu?

CATHERINE, *lâchant la clef.* Moi? rien. (*A part.*) Je me fais reine. (*Haut.*) Sire, votre fiancée est prête!...

HENRI, *la prenant dans ses bras.* Alors!.. attends-moi, Catherine, attends-moi; je reviens.

SCENE V.

CATHERINE, *seule.*

Va, Henri, va, car de cette heure seulement je suis à toi... Oh! mon Dieu! mon Dieu! est-ce que je veille réellement, ou tout ce qui m'arrive n'est-il qu'un rêve?... Qui viendra maintenant me parler de crime et de vertu, à moi que la fièvre dévore, à moi qui vais où le tourbillon m'entraîne, où Dieu veut que j'aille, poussée par un souffle invisible, comme la poussière de la terre, comme le nuage du ciel!... Mais le passé?... le passé, c'est le néant, le présent seul est quelque chose, et l'avenir tout!.... Je vis, j'existe, tout ce qui m'arrive est réel, que m'importe le reste?..... Voilà bien le palais, voilà bien le trône; j'ai le pied sur la première marche; j'y monte, je m'y assieds!.... Oh! si demain j'allais m'éveiller dans ma maison isolée de Richemont ou sur la tombe du château de Dierham!... Oh! si je suis réellement ce que je crois être, que quelqu'un vienne donc qui me dise que tout cela est vrai, qui reconnaisse ma puissance, qui s'incline devant moi, qui me salue reine.

SCENE VI.

ETHELWOOD, CATHERINE.

ETHELWOOD, *pâle et défait, paraissant à la porte du laboratoire de Fleming, s'avance lentement jusqu'à la première marche du trône, et là s'incline.* Salut à Catherine Howard, reine d'Angleterre!

CATHERINE, *à moitié renversée en arrière.* Horreur! horreur!..

ETHELWOOD. Il n'y a qu'un instant que tu es reine, Catherine, et déjà, tu le vois, tes désirs sont accomplis aussitôt qu'exprimés.

CATHERINE. Ethelwood!...

ETHELWOOD. Ah! tu me reconnais!..... La tombe est une demeure bien infidèle, n'est-ce pas?.... Et tu la croyais plus sûre et plus profonde.

CATHERINE. Miséricorde! mon Dieu! réveillez-moi! Ne me laissez pas plus longtems en proie à ce songe infernal.

ETHELWOOD. Ah! n'est-ce pas maintenant que tu voudrais bien que ce fût un songe? Oh! mais non, Catherine! tu es bien éveillée, tu ne dors pas!...

CATHERINE. Mais alors, tu es donc un spectre... un fantôme, une ombre?...

ETHELWOOD. Oui, pour tous, excepté pour toi... Mais pour toi, je vis... Pour toi, je suis ton époux!... pour tous tu es veuve!..

CATHERINE. Quel démon t'a donc évoqué de la tombe?

ETHELWOOD. Tu as oublié, Catherine, qu'il y avait deux clefs qui ouvraient et fermaient la même porte; que je t'avais remis l'une, mais que l'autre devait être remise au roi... Tu as oublié qu'il y avait deux femmes, l'une que je n'aimais pas et qui m'aimait; celle-là s'appelait la princesse Marguerite; l'autre que j'aimais et qui ne m'aimait pas: celle-là s'appelait Catherine Howard!... Elles ont changé de rôle, ces femmes; celle qui devait se souvenir a oublié, celle qui devait oublier s'est souvenue... si bien qu'en rouvrant les yeux, j'ai trouvé près de ma tombe l'une au lieu de l'autre... voilà tout!

CATHERINE. Oh! grâce, grâce! Ethelwood!... (*Allant à lui.*) Pardonne-moi, fuyons, partons ensemble... comme tu le voulais d'abord!.... me voilà, enveloppe-moi dans ton manteau!..... emporte-moi dans tes bras!.... cache-moi dans quelque coin du monde isolé et désert..... Mais fuyons, fuyons!

ETHELWOOD, *la repoussant*. Non pas, madame; il faut que toute destinée s'accomplisse ici-bas... la mienne comme la vôtre.

CATHERINE. Ethelwood!...

ETHELWOOD. Ce n'a point été assez pour vous, simple vassale que vous étiez, de devenir marquise de Derby, duchesse de Dierham, pairesse d'Angleterre?... vous avez mis le pied sur tout cela, et vous avez dit: Je veux être reine!..... Eh bien! vous le serez!.. Vous n'avez pas craint l'amour de Henri VIII... eh bien! cet amour vous dévorera.

CATHERINE. Mais prenez donc pitié de moi!...

ETHELWOOD. Vous avez voulu une couronne? vous la poserez sur votre tête, et elle blanchira vos cheveux!..... Vous avez voulu un sceptre? vous le toucherez, et il sèchera votre main... Vous avez voulu un trône?.... vous y êtes montée..... mais en descendant vous heurterez le billot d'Anne de Boulen.

CATHERINE, *portant les deux mains autour de son cou*. Oh! mon Dieu! mon Dieu!

ETHELWOOD. Ah! pour que votre sommeil ait des songes dorés, madame, il vous faut un lit où aient déjà dormi quatre reines? Osez-y fermer les yeux, Catherine, et dans huit jours, vous me répéterez ce que ces reines sont venues vous dire tout bas, à l'heure où les morts sortent de leur tombe!.. Je reviendrai vous le demander.

CATHERINE. Je vous reverrai donc?

ETHELWOOD. En doutes-tu, Catherine?.... Ne sommes-nous pas liés devant l'autel, et la mort seule ne sépare-t-elle pas ce que l'autel a uni?.... Oui, tu me reverras, car les passages les plus secrets de ce palais me sont familiers; car Fleming et la princesse Marguerite me prêteront leur aide et me garderont le silence... Catherine Howard, devenue reine d'Angleterre, n'en est pas moins restée marquise de Derby..... Mes droits sont plus anciens que ceux de Henri, madame, et, si fidèle sujet que je sois, je ne puis consentir à lui en céder que la moitié.

CATHERINE. Mais que voulez-vous donc faire?

ETHELWOOD. Vous êtes montée au trône par une pente tortueuse et lente; hâtez-vous, Catherine, de jouir du bonheur d'y être arrivée, car vous en descendrez par une pente glissante et rapide.

CATHERINE. Mais vous ne pouvez me perdre sans vous perdre avec moi.

ETHELWOOD. Je vous l'ai dit, Catherine, ma destinée sera la vôtre; dans la vie et dans la mort!..... Nous avons reposé dans le même lit, nous monterons sur le même échafaud, nous dormirons dans la même tombe.

SCÈNE VII.

LES PRÉCÉDENS, LE ROI.

(La porte du fond s'ouvre; plusieurs pages et seigneurs entrent.)

CATHERINE. Le roi! fuyez, milord, fuyez!...

(Ethelwood se place derrière la colonne qui touche à l'appartement de la princesse Marguerite.)

HENRI. Messieurs, voici la reine!.... Saluez-la. (Tous s'inclinent, puis le cri de Vive la reine ! Vive Catherine Howard ! retentit. A Catherine.) J'ai tenu ma parole, Catherine, et j'ai prévenu l'archevêque.

ETHELWOOD. A mon tour alors de tenir la mienne, Catherine, et je vais prévenir le bourreau !...

(Il entre chez la princesse.)

FIN DU TROISIÈME ACTE.

ACTE IV.

Sixième Tableau.

La chambre de la reine.

SCÈNE PREMIÈRE.

CATHERINE, *couchée et endormie sur un sofa*; HENRI, *accoudé près d'elle.*

HENRI, *l'écoutant rêver.* C'est la seconde fois depuis huit jours que son sommeil trahit je ne sais quelle crainte ou quel remords ! Pour que l'esprit tourmenté veille ainsi quand les sens dorment, il faut une bien puissante cause.

CATHERINE, *rêvant.* Le roi m'aime ?.... Ah !.... Non, non pas toi. S'endormir, ne plus s'éveiller...... Cette clef (*Etendant la main.*) Cette eau...... (*Ouvrant la main.*) Ah !...

HENRI. L'on dit que parfois, lorsqu'on parle à ceux qui rêvent ainsi, ils entendent et répondent... Catherine ?

CATHERINE. Qui m'appelle ?...... qui est descendu dans ce tombeau ?..... Cette bague... Je veux être reine...

HENRI. Eh bien ! tu l'es, reine, Catherine, que peux-tu désirer encore ?

CATHERINE. La couronne, la couronne, des cheveux blancs.... Oui... Un billot... le billot d'Anne de Boulen..... A genoux.... Grâce.... Ah !..... (*Tenant ses yeux fixes et portant les deux mains à son cou.*) Mon Dieu ! (*Apercevant Henri et tombant à genoux devant lui.*) Ne me faites pas mourir ! Grâce ! grâce !

HENRI. Mais tu es folle, Catherine, relève-toi ; et avant de me demander grâce, dis-moi ce qu'il faut que je te pardonne ?

CATHERINE. Oh ! vous le savez bien, puisque c'est vous qui avez donné l'ordre.. (*Regardant autour d'elle.*) Mais non, c'était un rêve... Oh !..... oh ! quel rêve affreux, et vous étiez là, Sire.

HENRI. Oui.

CATHERINE. Qu'ai-je dit ? Oh ! il ne faut pas croire à ce qu'on dit en rêve, Henri, vous le savez, les rêves sont les enfans du Sommeil et de la Nuit, les frères de la Folie..... et l'on dit parfois en rêvant des choses bien étranges.

HENRI, *soucieux.* Rassure-toi, Catherine, tu n'as rien dit... quelques mots sans suite, et voilà tout.

CATHERINE, *respirant.* Ah ! qu'aurais-je pu dire, d'ailleurs ? quelques folies que je n'oserais répéter, et voilà tout. De ces choses que le cœur pense et garde pour lui, n'osant les confier à la voix... Voyez-vous, monseigneur, c'est qu'il paraît si bizarre à une pauvre enfant comme moi, élevée dans la solitude, de se trouver tout-à-coup dans un palais, au milieu de la magnificence d'une cour, de commander à tout un monde de courtisans qui s'empressent de lui obéir. Aimée d'un roi, (*lui jetant les bras au cou*) et de quel roi, de Henri de Lancastre, du lion de l'Angleterre, soumis, apprivoisé par moi...

HENRI. Vos deux bras me font une chaîne si douce, ma belle Catherine, que je n'aurai jamais le courage de la briser. Il va falloir cependant que, pour quelques instans, je la dénoue. On m'attend au conseil.

CATHERINE. Une minute encore. Le conseil attendra le bon plaisir de votre Grâce. Oh ! j'ai une rivale dont je suis horriblement jalouse, Henri, car elle est plus présente à votre pensée que moi-même, car elle me vole les heures qui devraient m'appartenir, c'est l'Angleterre.

HENRI Enfant !

CATHERINE. Je vous aime tant, moi, Henri, qu'il me serait impossible de vous oublier une minute. Cependant je suis reine comme vous êtes roi. Je devrais m'occuper de l'Angleterre aussi, moi, des intérêts de sa couronne, de mon royaume, de mes sujets. Je suis une bien mauvaise reine, n'est-ce pas, Henri, d'avoir à m'occuper de tant de choses, et de ne m'occuper que de vous?

HENRI. J'ignore si vous êtes une bonne ou une mauvaise reine, Catherine; mais ce que je sais, c'est que vous êtes la plus dangereuse enchanteresse qui ait jamais perdu l'âme d'un roi. Voyons, ma place ne devrait-elle pas être en Écosse, à l'heure qu'il est, et vous semble-t-il bien digne de celui que vous appelez le lion de l'Angleterre, de laisser Dacre et Musgrave battre cet insolent Olivier Sainclair. Oh! vous avez des yeux qui fascinent! quand ils demandent, il faut accorder; quand ils ordonnent, il faut obéir. Laissez-moi les fermer avec mes lèvres, afin que je puisse vous quitter. (*Il l'embrasse sur les yeux.*) Adieu, ma belle reine, le conseil tout entier, c'est-à-dire la pairie d'Angleterre, attend que ce soit votre caprice que je m'en aille. Renvoyez-moi donc.

CATHERINE, *se levant*. Non; mais emmenez-moi avec vous.

HENRI. Folle!

CATHERINE. Ne suis-je pas reine? et, en ma qualité de reine, n'ai-je pas droit de présidence?... Franchement, croyez-vous que je n'aurais pas autant de raison que milord de Sussex?

HENRI. Oh! si fait, et vous en auriez à vous deux à peu près la moitié de ce que mon fou en possède à lui tout seul. Au revoir, Catherine, et, si j'ai un instant de liberté, je m'échapperai du conseil pour venir vous demander si vous pensez à moi.

CATHERINE. Oh! oui, faites cela.

(*Henri sort.*)

SCÈNE II.

CATHERINE, *laissant tomber ses bras et sa tête, et prendre à son visage une expression profonde d'abattement et de tristesse.*

Ah!... (*Elle revient jusqu'au sofa.*) Quelle fatigue! mon Dieu! (*Elle se laisse tomber sur le sofa.*) Oh! comme mon front se ridera vite à porter un pareil masque de gaîté, lorsque mon cœur est si triste! J'avais cru que je pourrais l'aimer parce qu'il était roi... L'aimer?.... J'en ai peur, et c'est tout. Fatiguée de ne pouvoir fermer les yeux dans son lit royal, voilà que je me suis endormie un instant sur ce sofa!

Oh! quels rêves! et il était là. Il pouvait tout entendre, tout découvrir. Il ne me fallait que prononcer un seul nom pour être perdue. Ce nom qui tourmente ma veille et mon sommeil, ce nom que tous les démons de l'enfer répètent en dansant autour de moi, (*en ce moment Ethelwood ouvre, sans être vu de Catherine, la porte qui donne dans les appartemens de la princesse Marguerite; il soulève la tapisserie et s'avance lentement*) ce nom que je dirai à mon tour tôt ou tard....... si celui qui le porte continue à me poursuivre ainsi, invisible et inconnu pour tous, excepté pour moi, qui le reconnais à son premier geste, à son premier regard. Il y a quatre jours, à la chasse, son cheval, son Ralph, que je connais si bien, a croisé le mien; et s'il n'avait henni en passant, comme s'il me reconnaissait, j'aurais pris le cheval et le cavalier pour deux fantômes!... Avant-hier sur la Tamise, sa barque a heurté la mienne. Hier, dans un des corridors du palais, son manteau a touché ma robe; comme les spectres, il est partout, il entre partout. A-t-il donc trouvé le bezoard enchanté qui rend son maître invisible?......
Il a dit qu'au bout de huit jours, il viendrait me demander compte de mes rêves, et il y a huit jours qu'il a dit cela... Oh! je n'ose pas même tourner la tête de peur de le voir debout derrière moi, sombre et menaçant, de peur d'entendre sa voix grave et sépulcrale me dire: Catherine, me voilà.. Mais que font donc mes dames d'honneur, qu'elles me laissent seule ainsi?.....
(*Elle étend la main pour prendre une sonnette; la main d'Ethelwood arrête la sienne.*) Ah!

SCÈNE III.

CATHERINE, ETHELWOOD.

ETHELWOOD. Un instant, Catherine.

CATHERINE. Grand Dieu! oh! oh! par où êtes-vous entré?

ETHELWOOD. Par cette porte qui donne au chevet de votre lit, et qui communique avec les appartemens de la princesse Marguerite.

CATHERINE. Mais vous êtes donc un magicien, pour que cette porte s'ouvre ainsi devant vous (*lui montrant une clef*), quand moi-même je l'avais fermée?

ETHELWOOD. Tu oublies toujours qu'il y a des portes qui se ferment et s'ouvrent avec deux clefs, Catherine?

CATHERINE, *allant à la porte du fond et la fermant.* Oh! celle-là, du moins!

(Elle la ferme avec la traverse de bois.)

ETHELWOOD. Pauvre Catherine! te voilà au palais de White-Hall comme j'étais au château de Dierham, et tu prends à ton tour autant de soins pour me cacher aux yeux du roi, que j'en prenais alors pour te dérober à ses regards.

CATHERINE. Oh! c'est que si le roi me voyait ici, nous serions perdus, et perdus tous deux.

ETHELWOOD. C'est aussi ce que je te disais là-bas.

CATHERINE. Maintenant que me veux-tu? Voyons, parle.

ETHELWOOD. Te revoir, apprendre de toi si tu es heureuse dans ta nouvelle fortune, te demander ce que tu fais le jour et ce que tu rêves la nuit.

CATHERINE. Heureuse! Ethelwood! je ne souhaiterais pas un pareil bonheur à l'assassin de ma mère. Ce que je fais le jour? je tremble au moindre bruit qui agite autour de moi les roseaux de la rivière, les arbres du parc, les tapisseries du palais; ce que je rêve la nuit? oh! tu le sais mieux que moi, puisque tu m'as si bien prédit mes songes, que je suis tentée de croire que tu es le démon qui me les envoie. Oh! sois content, Ethelwood! tu es bien vengé! Je suis bien malheureuse, et il serait tems que tu prisses pitié de moi!

ETHELWOOD. Pitié de vous, madame! Ce serait un sentiment étrange à inspirer pour une reine! Pitié de vous? Mais n'avez-vous point ce que vous avez tant désiré! des pages empressés, une cour nombreuse, des vêtemens splendides, des appartemens somptueux?

CATHERINE. Oh! oh! Kennedy! ma robe blanche, ma petite chambre de Richemont! et toi, toi, mon Ethelwood, m'aimant comme tu m'aimais.

ETHELWOOD, *assis sur une table près du sofa.* Oui, alors, c'était moi qui étais triste et vous gaie; c'était vous qui me demandiez : Qu'as-tu, mon Ethelwood? tu es soucieux; c'était vous qui preniez une guitare, et qui me disiez : Veux-tu que je te chante une ballade?

(Il prend une guitare et en tire des accords qui rappellent la ballade du premier acte.)

CATHERINE. Oh! mon Dieu!

ETHELWOOD. Tu reconnais cet air?

CATHERINE. Oui.

ETHELWOOD. Et ces paroles?

(Chantant.)

D'un mot tu peux être reine,
Dis ce mot; car je suis roi,
Et ma suite, souveraine,
S'inclinera devant toi.
Une couronne royale
Peut, crois-moi, d'une vassale
Séduire l'œil ébloui.
— Oui.

(Il jette violemment la guitare.)

CATHERINE. Tais-toi! tais-toi!

ETHELWOOD. C'est l'écho d'une autre époque de ta vie; peux-tu l'empêcher de répéter tes paroles? D'ailleurs, le roi entendu ta réponse; la vassale porte une couronne.

CATHERINE. Oh! oui, pour son malheur!

ETHELWOOD, *se levant et allant s'asseoir sur un tabouret aux pieds de Catherine.* Lorsque je te demandai de me dire la suite des amours du roi Robert et de la belle Elfride, tu me répondis que tu ne la savais pas. Veux-tu que je te la dise, moi?

CATHERINE. A quoi bon?

ETHELWOOD. Ah! c'est que cette aventure a peut-être avec la nôtre assez de ressemblance pour que tu y prennes quelque intérêt.

(Il pose sa toque sur le sofa.)

CATHERINE. Dites et faites ce que vous voudrez, vous êtes le maître.

ETHELWOOD. La belle Elfride répondit donc oui, et devint reine.

CATHERINE. La malheureuse!

ETHELWOOD. Mais elle avait oublié une chose : c'était d'avouer à son royal époux ses amours avec le franc-archer Richard, et il y avait dans ce tems une loi, chose bizarre, pareille à celle qu'a fait rendre Henri d'Angleterre, et qui condamnait à mort toute jeune fille qui, après une pareille liaison, épouserait le roi sans l'en prévenir.

CATHERINE. A mort!

ETHELWOOD. Il est vrai que ce secret n'était connu que de Richard...... et que Richard était son complice.

CATHERINE. Et cette loi condamnait le complice à la même mort que la coupable, n'est-ce pas?

ETHELWOOD. Oui; mais qu'est-ce que la mort pour un homme qui a été jaloux; surtout lorsque cette mort le venge de la femme qui lui a fait souffrir toutes les tortures de l'enfer?

CATHERINE. Mon Dieu!

ETHELWOOD. Richard était franc-archer du roi; en cette qualité, il pouvait habiter le palais; entrer dans ses appartemens les plus reculés, et même, par une porte dont il s'était procuré la clef, pénétrer jusqu'auprès de la reine. Richard ne craignait pas la mort, car il avait été jaloux, et Richard voulait se venger.

CATHERINE, *se renversant sur le sofa.* Ah!...

ETHELWOOD. Quatre jours après son mariage, la reine le rencontre à la chasse, et son cheval croisa le sien. Le surlendemain, la reine le retrouva sur la Tamise, et sa barque heurta la sienne. Le lendemain, elle le heurta presque dans un corridor, et son manteau toucha sa robe. Ces trois fois elle le reconnut, car elle pâlit. Sans doute que, rentrée dans son palais, elle chercha par quels moyens elle pourrait se débarrasser de cet homme.

CATHERINE, *vivement.* Oh! vous ne le croyez pas.

ETHELWOOD. Non, c'est vrai.... peut-être que s'il eût été enfermé dans quelque caveau, dont elle seule eût eu la clef... peut-être qu'elle l'y eût laissé mourir de faim et de soif; mais le faire frapper du poignard ou de l'épée....

CATHERINE. Oh! jamais, jamais!...

ETHELWOOD. D'ailleurs, il portait à tout hasard, sous ses vêtemens, une cotte de mailles pareille à celle-ci. (*Ethelwood ouvre son pourpoint et montre une cotte de maille.*) Car s'il ne craignait pas la mort, Richard, il craignait de ne pas se venger. Le lendemain du jour où il avait rencontré sa royale maîtresse dans un corridor, il pénétra jusque dans sa chambre à coucher. Le roi était sorti; elle était seule. Il s'assit à ses pieds, comme je suis aux vôtres; alors il lui prit les mains avec lesquelles elle voulait cacher son visage, et, la forçant de le regarder en face, il lui dit : Catherine!.... non; je me trompe; Elfride.... Elfride!... jamais femme fut-elle aimée par un homme comme je vous aimais? dites.

CATHERINE. Jamais.

ETHELWOOD. Jamais homme fit-il pour une femme plus que je ne fis pour vous? dites.

CATHERINE. Jamais, jamais!

ETHELWOOD. Et jamais homme en fut-il récompensé aussi atrocement que je le fus? dites.(*Se levant.*) Oh! mais dites.... dites donc!...

CATHERINE. Grâce, grâce!...

ETHELWOOD, *avec désespoir.* C'est qu'il lui eût tout pardonné, à cette femme.... son oubli, son ingratitude, sa mort même, tout! excepté de la voir passer dans les bras d'un autre; livrer aux caresses et aux baisers d'un autre ces mains et ces lèvres qui étaient à lui.... Ah! voilà ce qu'il était impossible qu'il lui pardonnât, voilà ce qu'il ne lui pardonnera jamais, voilà ce qui causa leur mort à tous deux.

CATHERINE. Leur mort!...

(*On entend les trompettes qui annoncent que le roi rentre.*)

ETHELWOOD. Oui, leur mort; car tandis que la reine et son amant étaient enfermés, le roi revint du conseil.

CATHERINE, *se levant.* Milord, milord, ces trompettes annoncent que le roi rentre; oh! fuyez, fuyez!

ETHELWOOD, *immobile.* Et, comme il ne voulut pas fuir....

CATHERINE. Mais c'est infernal....

ETHELWOOD. Que le roi vint à la porte (*on entend les pas de Henri*) de la chambre de la reine, qu'il la trouva fermée....

HENRI, *du dehors.* C'est moi, Catherine, ouvrez!

CATHERINE, *suppliante.* Milord, milord!...

ETHELWOOD, *haussant la voix.* Et qu'il entendit deux voix qui parlaient ensemble....

HENRI. Catherine, vous n'êtes pas seule, ouvrez!

ETHELWOOD, *repoussant Catherine qui tombe.* Ah! Henri, Henri! à ton tour d'être jaloux....

CATHERINE, *à genoux.* Voyons, tuez-moi tout de suite.

HENRI. A moi, messieurs, enfoncez cette porte, donnez-moi cette masse.

CATHERINE, *montrant la porte qui cède.* Voyez, voyez!...

ETHELWOOD. Oui, il est tems que je te quitte. Au revoir, Catherine.

(*Il sort.*)

CATHERINE. Où me cacher, où fuir! oh! mon Dieu, mon Dieu! je n'espère qu'en vous, prenez pitié de moi.

(*La porte cède, Henri paraît.*)

SCENE IV.

HENRI, *une masse d'armes à la main;* CATHERINE, *tremblante;* PLUSIEURS SOLDATS *à la porte.*

HENRI, *entrant et repoussant la porte.* Que veut dire cela, et qui était enfermé avec vous, madame? (*Allant à elle.*) Regardez-moi, et répondez.

CATHERINE. Je suis seule....Voyez, Sire, personne, personne.

HENRI *regarde de tous les côtés, puis aper-*

voit tout à coup la toque d'Ethelwood. Ce tortil est à quelqu'un, cependant.

CATHERINE. Mon Dieu!...

HENRI, *allant à la porte.* Celui à qui il appartient n'a pu sortir que par cette porte, n'est-ce pas?

CATHERINE, *courant à lui.* Sire!...

HENRI. Fermée!

CATHERINE, *respirant.* C'est vrai.

HENRI, *se retournant.* La clef?

CATHERINE. Je ne sais où elle peut être, monseigneur.

HENRI. Cherchez bien et vous la trouverez. Cherchez, vous dis-je.

CATHERINE. Impossible de me souvenir...

HENRI. Cherchez avec plus de soin; sur vous-même, par exemple...

CATHERINE, *tirant la clef de sa poche.* La voici.

HENRI, *essayant d'ouvrir.* Bien!... c'est cela; la pointe d'un poignard brisée dans la serrure! Ah! votre complice a pris admirablement ses mesures pour n'être point poursuivi... mais il a oublié qu'il vous laissait entre mes mains, vous!... Voyons, quel est celui qui sort d'ici, madame?

CATHERINE. Sire, je vous supplie...

HENRI. Son nom?

CATHERINE, *suppliante.* Personne!...

HENRI. Son nom?

CATHERINE. Oh! je ne puis, monseigneur, je ne puis!

HENRI. Ah! tu ne peux! Anne de Boulen disait comme toi aussi: Je ne peux! et cependant nous avons trouvé moyen de vaincre ce silence, et si bien qu'elle serrât ses lèvres adultères, la douleur en fit sortir le nom de Norris. Une dernière fois, Catherine, le nom de cet homme?

CATHERINE. Faites de moi ce que vous voudrez, Sire; je suis à votre merci!

HENRI. Ainsi, pas un mot pour te défendre, pas un mot pour te justifier; rien, rien qui puisse me faire douter que mes oreilles et mes yeux m'ont abusé, que j'ai cru entendre, que j'ai cru voir, et que rien de tout cela n'était vrai. Trompé! trompé! trahi toujours par ceux-là même pour lesquels j'ai tout fait! Oh!... j'aurais cru, malgré cette toque, malgré cette porte fermée, j'aurais cru... et c'est mon amour pour elle qui m'aurait fait insensé. Monsieur le capitaine de mes gardes, assurez-vous de la personne de la reine, et conduisez-la devant la chambre haute.

CATHERINE. Sire! Sire!...

HENRI. Et vous, Catherine, préparez-vous à répondre aux juges qui ont condamné Anne de Boulen.

Septième Tableau.

La salle du Parlement.

SCÈNE V.

HENRI, SUSSEX, CRANMER *membres du Parlement.*

HENRI, *debout.* Or, vous savez, messieurs, que l'accusation de trahison et d'adultère entraîne la peine de mort; aussi je renouvelle l'accusation et je demande la mort.

LE PRÉSIDENT. Milords, la chambre se croit-elle suffisamment éclairée?

PLUSIEURS VOIX. Oui, oui, oui.

SUSSEX. Non.

HENRI. Comment, milord?

SUSSEX. Suffisamment éclairée pour le dévouement, oui; pour la conscience, non. Le parlement est une cour d'indépendance et de justice, qui ne doit compte de ses arrêts qu'à Dieu seul. Depuis deux heures que cette séance dure, vous avez accusé, Sire; mais les preuves d'accusation, où sont-elles?

HENRI. C'est bien, c'est bien, milord, nous donnerons ces preuves; en attendant, nous donnons notre parole.

SUSSEX, *continuant.* Car nous avons le droit d'exiger ces preuves de votre Grâce, avant que nous ne rendions la sentence qui séparera la tête du tronc, l'âme du corps, la reine du roi.

HENRI. L'adultère l'a déjà séparée de moi, milord, mieux que ne peut le faire et que ne le fera la hache du bourreau.

SUSSEX, *avec gravité.* Je disais donc, messeigneurs, qu'avant de renvoyer à Dieu, sa tête à la main, celle qu'il nous a envoyée une couronne sur la tête, c'est à nous de peser religieusement, dans la balance de notre justice, l'accusation portée contre elle, et de ne rendre l'arrêt, je le répète, que si le plateau de ses fautes est véritablement assez lourd pour que la miséricorde divine seule puisse lui servir de contrepoids.

HENRI, *furieux, et posant un pied sur la table qui est devant lui.* C'est-à-dire, milord, que lorsque j'accuse, tu défends; que lorsque j'affirme, tu doutes; que lorsque je jure, tu nies. Milord! milord!... tu ne te rappelles ni qui tu es ni qui je suis; tu oublies que Dieu m'a mis dans cette main un des plus grands royaumes de la terre, et que selon que je l'ouvre ou que je la ferme, je donne de l'air à quatorze millions d'hommes, ou que je les étouffe!

SUSSEX. Sire, votre Grâce se trompe, Dieu lui a donné la royauté et non le royaume, le corps et non l'âme.

HENRI. Et voilà pourquoi, monsieur de Sussex, quand ce corps qui nous est soumis renferme une âme qui nous est rebelle, voilà pourquoi nous appelons le bourreau à notre aide pour faire sortir l'âme du corps.

SUSSEX. Et quand le bourreau tarde, nous savons tel roi qui porte à sa ceinture une dague qui remplit merveilleusement l'office de la hache.

HENRI, *faisant un mouvement.* Milord !...

LES PAIRS, *entourant Sussex.* Comte, de grâce... Milord de Sussex... voyons...

SUSSEX. Oh! écartez-vous, messeigneurs, que le roi voie bien que je suis seul et qu'il puisse venir à moi, si tel est son bon plaisir.

L'ARCHEVÊQUE DE CANTORBÉRY. Sire, la persuasion pénètre dans le cœur par les paroles et non par le poignard... Votre Grâce a parlé de preuves...

HENRI. Vous avez raison, monsieur de Cantorbéry... (*La reine entre.*) Et voici l'accusée qui vient elle-même m'en fournir deux que vous ne récuserez pas : son trouble et sa pâleur.

(*La reine paraît. Rumeur parmi le peuple.*)

SCÈNE VI.
LES MÊMES, CATHERINE, LES DUCHESSES D'OXFORD ET DE ROKEBY.

L'HUISSIER. Silence, messieurs!

CATHERINE, *s'asseyant.* Oh! milords, vous aurez pitié de moi, n'est-ce pas?

L'ARCHEVÊQUE. Et maintenant, Sire, que votre Grâce consente à répéter l'accusation devant l'accusée, car elle a le droit de l'entendre et d'y répondre.

HENRI. Milords, cette fois, ce ne sont point de simples soupçons comme ceux que je conçus sur Anne de Boulen, et que l'enquête justifia; c'est une conviction qui m'est entrée dans le cœur par les yeux et les oreilles : j'ai vu et entendu.

CATHERINE. Oh! le roi se trompe, milords!

HENRI. En revenant du conseil, j'ai trouvé cette femme, dont j'ai fait une reine, enfermée avec un complice; j'ai entendu leurs deux voix, j'ai enfoncé la porte...

CATHERINE. Mais votre Grâce m'a trouvée seule, Sire.

HENRI. Oui, mais cette autre porte dans la serrure de laquelle on avait brisé la pointe d'un poignard pour qu'on ne pût l'ouvrir; cette toque à vos pieds, madame... et plus que tout cela, votre trouble et votre pâleur, votre aveu, encore... car vous avez avoué que quelqu'un se trouvait avec vous.

CATHERINE. Oh! non... non!...

HENRI. Vous l'avez avoué; seulement vous n'avez pas voulu dire son nom; mais n'importe, messieurs, vous prononcerez le même jugement contre la coupable présente et contre le complice absent, afin que, dès que votre justice aura étendu la main sur lui, nous ne vous fatiguions pas à prononcer deux sentences. Ainsi donc, milord, je renouvelle l'accusation de trahison et d'adultère déjà portée contre la reine Catherine : j'affirme que j'ai entendu la voix d'un homme enfermé avec elle, que j'ai trouvé la toque de cet homme dans la chambre et aux pieds de la reine. Je l'affirme sur mon honneur et sur la religion, sur ma couronne et sur l'Évangile, c'est-à-dire sur tout ce qu'il y a de saint et de grand en ce monde. Maintenant, milords, celui qui, après ce que je vous ai dit, exprimera le plus petit doute, celui-là donnera un démenti à son roi.

LE PRÉSIDENT. Qu'avez-vous à répondre, madame?

CATHERINE. Oh! milords, que voulez-vous que je vous dise? que répondre à une parole aussi puissante que celle d'un roi? On ne lutte pas contre l'éclair et la foudre de Dieu. On ferme les yeux, et l'on attend le coup. On s'incline, et l'on est frappé. Quant à moi, je ne me sens pas la force de repousser une aussi terrible accusation, milords. Jugez donc avec votre clémence, plus encore qu'avec votre justice ; ce que vous ferez sera bien fait, et d'avance je vous remercie ou je vous pardonne.

LE PRÉSIDENT. La chambre se croit-elle suffisamment éclairée?

LES PAIRS. Oui, milord, oui, oui.

LE PRÉSIDENT. Nous allons délibérer.

SUSSEX. Un instant, milords. Comme ma conscience me défend de prendre part à une délibération dont à l'avance il m'est facile de prévoir le résultat; comme ce résultat sera un jugement mortel, et ce jugement un remords ou une honte pour toute la chambre qui l'aura porté, je dépose à la place où depuis quatre siècles siègent mes aïeux le manteau de pair qu'ils m'ont légué; à compter de cet instant, je ne fais plus partie de la chambre haute et je rentre comme simple spectateur de ces débats dans les rangs du peuple, qui casse les sentences et qui juge les juges.

(Il dépose son manteau, quitte son siège, et va s'appuyer sur la balustrade qui contient les assistants.)

HENRI. C'est bien, monsieur de Sussex ; nous acceptons votre démission. Il ne manque pas, Dieu merci, en Angleterre, de nobles chevaliers qui porteront aussi bien que vous les insignes de la pairie. Je me retire pour vous laisser délibérer, messieurs.

(Il sort par la porte du fond.)

LE PRÉSIDENT. Faites sortir l'accusée.

CATHERINE. Milords, songez que c'est un jugement de vie et de mort que vous allez prononcer contre une reine. Songez qu'il ne lui a été accordé ni appui ni conseil; songez enfin que c'est un roi qui accuse, que c'est une pauvre femme qui se défend, et que, tandis que vous allez délibérer sur son sort, elle ne pourra rien, elle, que prier Dieu de toucher le cœur de ses juges.

(Elle sort.)

SCÈNE VII.

LES PAIRS, *se réunissant en plusieurs groupes pour délibérer;* WILLIAMS, JACKSON, *hommes du peuple parmi les assistants,* UNE FEMME, UN HUISSIER.

WILLIAMS. Eh bien! voilà de bon compte cinq reines pour un roi. Il est vrai que les deux dernières n'ont pas régné longtemps.

UNE FEMME. Est-ce que vous croyez qu'elle sera condamnée, maître Williams?

WILLIAMS. J'en poserais ma tête sur le billot. Anne de Boulen n'en avait pas fait autant, et son procès n'a pas été long cependant.

JACKSON. Je l'ai vu exécuter, moi, la reine Anne.

LA FEMME. Ah! est-ce vrai qu'elle n'a jamais rien avoué, maître Jackson?

JACKSON. Jamais. Je n'étais pas plus loin de l'échafaud que je ne le suis d'ici à la porte en face, et j'ai entendu tout ce qu'elle a dit, voyez-vous, sans en perdre une syllabe.

LA FEMME. Et qu'est-ce qu'elle a dit?

JACKSON. Peuple de Londres! je suis venue ici pour mourir suivant la loi, après avoir été jugée suivant la loi; je n'ai donc pas dessein de faire de plaintes contre l'arrêt qui me frappe, mais d'en subir l'exécution. Je ne veux ni condamner personne, ni rien dire pour me justifier... Je prie Dieu qu'il sauve le roi, et qu'il multiplie les jours de son règne sur vous.

LA FEMME. Pauvre femme!

WILLIAMS. Et puis?

JACKSON. Et puis elle a porté sa tête sur le billot, et a dit : Je recommande mon âme à Jésus-Christ. C'était le signal convenu avec l'exécuteur; aussi, elle n'avait pas achevé, que c'était déjà fait.

WILLIAMS. D'un seul coup?

JACKSON. D'un seul, vlan!... Oh! le roi avait choisi un homme fort habile, l'exécuteur de Calais, qu'il avait fait venir exprès.

LA FEMME. Est-ce qu'on l'ira chercher encore?

JACKSON. Oh! depuis ce temps-là, le nôtre a eu assez de besogne pour se faire la main.

L'HUISSIER. Silence, messieurs, la cour va rendre son arrêt.

LE PRÉSIDENT. Faites rentrer l'accusée.

SCÈNE VIII.

LES PRÉCÉDENTS, CATHERINE, *rentrant pâle et soutenue par deux femmes; elle écoute le jugement debout;* HENRI.

LE PRÉSIDENT. Ce 9 février 1542, sur l'accusation portée devant nous par sa Grâce le roi, et sur les preuves fournies à l'appui de cette accusation, la chambre haute d'Angleterre a reconnu Catherine Howard coupable d'adultère, et la condamne, avec son complice inconnu, à avoir la tête tranchée à l'entrée de la Tour de Londres, et cela dans le délai de trois jours.

CATHERINE, *se renversant.* Ah! mon Dieu! mon Dieu!...

HENRI, *apparaissant par la porte du fond.* Merci, milords!

LE PRÉSIDENT. Messieurs, la séance est levée.

SUSSEX, *étendant la main.* Pas encore, s'il plaît au roi, milord président.

HENRI. Qu'avez-vous à dire contre l'arrêt?

SUSSEX. Rien, Sire, et je reconnais même qu'il est tel que je l'attendais de la chambre.

HENRI. Eh bien! puisque vous ne faites plus partie de l'assemblée qui a rendu cet arrêt, vous n'en partagez pas la responsabilité.

SUSSEX. Sire, je ne suis plus membre de la chambre, il est vrai, mais je suis toujours comte de Sussex. J'ai dépouillé mon manteau de pair, mais j'ai conservé mon épée de chevalier, et c'est à elle, si vous voulez le permettre, Sire, que j'en appellerai de l'arrêt qui vient d'être rendu. (*Il traverse lentement le théâtre, et marche à Catherine, devant laquelle il s'agenouille.*) Madame et reine, c'est un bien faible secours que celui que je vous offre, je le sais; mais, hélas! madame, votre position est si désespérée, que ce secours est à cette heure votre seul espoir en ce monde.

CATHERINE. Que voulez-vous dire, milord? ne suis-je pas condamnée?

SUSSEX. Oui, madame; mais vous avez le droit d'en appeler du jugement de Dieu du jugement des hommes. Demandez le combat en champ clos... on ne peut vous le refuser; les vieilles lois de l'Angleterre vous l'accordent... et si vous daignez prendre pour votre champion l'homme qui est à vos genoux, il ne s'en relèvera que pour proclamer votre innocence; et non-seulement il la soutiendra de sa parole, mais de son épée. (*Se retournant vers l'archevêque.*) Est-ce bien cela que j'avais promis de faire, monseigneur de Cantorbéry?

LES FEMMES DE LA REINE. Acceptez, madame, acceptez!

LE PEUPLE. Oui, oui... le combat, le jugement de Dieu!

L'HUISSIER. Silence!

CATHERINE. Milord, que me proposez-vous?... (*Lui tendant la main.*) Je vous prie...
SUSSEX. Je ne me relèverai point, madame, que vous ne m'ayez fait cet honneur de me croire digne de vous défendre.
CATHERINE. Mais si ce combat vous est fatal.
SUSSEX. Ma vie est à ma souveraine, et mon âme est à mon Dieu : si je meurs, chacun aura repris ce qui lui appartient.
CATHERINE. Vous le voulez, milord?...
SUSSEX. J'en supplie votre Grâce.
CATHERINE, *se levant*. Milords, j'en appelle au jugement de Dieu du jugement des hommes. Je demande le combat comme preuve de mon innocence, et je choisis M. le comte de Sussex pour mon champion.
SUSSEX. Merci, madame, merci ! (*Se relevant.*) Or, maintenant, milords, écoutez : Moi, Charles-Williams-Henri, comte de Sussex, à tous présents et à venir, je me présente pour soutenir, la lance, la hache ou l'épée à la main, contre tous ceux que le démon pousserait à dire le contraire, que la reine Catherine a été jugée injustement par la chambre haute d'Angleterre, et que du crime d'adultère dont on l'accuse, elle est en tout point pure et innocente.
UNE VOIX *parmi le peuple*. Vous en avez menti, monsieur de Sussex !!!
SUSSEX. Que celui qui a dit ces paroles vienne donc ramasser ce gant !
(Un chevalier, couvert d'une armure complète et la visière baissée, s'avance lentement à Sussex.)
CATHERINE, *reculant*. C'est lui ! c'est lui !...

SES FEMMES. Qui?
CATHERINE. Le fantôme !... le spectre !... le démon !...
LE CHEVALIER. Et moi, milords, en réponse au défi du comte de Sussex, j'affirme ici sur l'honneur de mon sang et de ma race, que l'arrêt rendu par le parlement est un arrêt justement rendu. J'affirme que la reine Catherine appartenait à un autre avant d'appartenir au roi ; qu'elle s'est mariée sans faire cet aveu, et que, depuis son mariage, elle a reçu dans sa chambre son ancien amant. En conséquence de ce que je dis, je ramasse le gant de milord de Sussex, j'accepte son défi, et je prie sa Grâce de fixer le jour du combat.
(Silence d'un moment.)
HENRI. A demain, messieurs, à demain ; les juges du camp feront savoir aujourd'hui, à son de trompe, quel est le lieu que nous avons choisi, et les armes que nous avons désignées. La nuit vous reste, messieurs ; profitez-en pour accomplir vos devoirs de chrétien ; car, avant vingt-quatre heures peut-être, l'un de vous paraîtra devant le trône de Dieu. La séance est levée, milords ; que l'on conduise la reine à la Tour, et qu'on la laisse librement communiquer avec son champion.
LE CHEVALIER, *à Sussex*. A demain, milord !
SUSSEX, *lui tendant la main sans hésiter*. A demain.

ACTE CINQUIÈME.

Huitième Tableau.

Une chambre de la Tour de Londres, grande fenêtre au fond, donnant sur la ville, fermée par des rideaux noirs ; à droite, un crucifix au-dessous duquel est un prie-dieu ; en face, une porte.

SCÈNE PREMIÈRE.
CATHERINE, LES DUCHESSES D'OXFORD ET DE ROKEBY.

CATHERINE, *à genoux sur son prie-dieu*. Mort, mort, pour moi, égorgé sans pitié, sans miséricorde ! Oh ! cet homme a donc un cœur de bronze, comme il a une poitrine de fer ? Pauvre comte de Sussex !
LA DUCHESSE D'OXFORD. Il aurait fallu qu'il portât une armure enchantée pour qu'elle résistât aux coups de son adversaire.
CATHERINE. Oui, je l'ai bien vu ; tous les démons de la haine et de la vengeance conduisaient son bras.
LA DUCHESSE D'OXFORD. Si j'osais rappeler à votre Grâce que le roi a permis que monseigneur l'archevêque de Cantorbéry....

CATHERINE. Oui, duchesse, oui, je le sais ; Henri, en ma qualité de reine, m'a accordé un prince de l'église pour m'assister à mes derniers moments. Je l'en remercie ; mais peut-être aimerais-je autant un simple prêtre de village. Pour quand est-ce donc, mesdames ?
LA DUCHESSE D'OXFORD. Ce soir, six heures.
CATHERINE. Ah ! est-ce que vous croyez que Henri me fera mourir ? Lorsqu'avec un mot, un seul mot.... il ne le dira pas... cela lui est si facile cependant ! Il n'y a donc aucun moyen de me sauver, dites, madame d'Oxford, madame de Rokeby ? (*Les deux femmes pleurent.*) Mon Dieu ! mon Dieu !... Oh ! laissez-moi, puisque vous ne pouvez m'aider en rien, laissez-moi seule.
(*Les femmes sortent.*)

SCÈNE II.

CATHERINE, *seule.*

(L'heure sonne, et tout en écoutant, d'à genoux qu'elle était elle se trouve assise sur le coussin du prie-dieu. On entend la cloche tinter deux fois sans qu'elle compte ; au troisième coup, Catherine compte tout haut.)

... Trois, quatre, cinq. (*Attente et angoisse d'un moment.*) Cinq heures ? Une heure encore, et puis plus rien ; et demain le jour se lèvera sur mon tombeau !... Oh ! moi qui devais voir lever tant de jours, qui devais entendre sonner tant d'heures encore ! moi si jeune, moi au tiers de ma vie à peine, et n'avoir plus qu'à étendre le bras pour toucher l'éternité !... Mourir ! ce mot, qui depuis dix-huit ans s'est à peine présenté à ma pensée, depuis hier frappe sur mon cœur à chacun de ses battemens. Mourir ! mourir ! Oh ! mon Dieu ! mon Dieu ! est-ce que vous me laisserez mourir ?... Kennedy ! Ma petite maison de Richmont, ma verte pelouse, mes beaux rêves de jeunesse... Et je me trouvais malheureuse au milieu de cela cependant ! Insensée que j'étais !... Oh ! si le roi me disait : « Catherine, je te pardonne, retourne dans la retraite d'où je t'ai tirée. » comme je baiserais ses mains, comme j'embrasserais ses genoux ! Il peut le faire cependant ; si je le voyais, je prierais, je pleurerais tant, qu'il me ferait grâce, j'en suis sûre. Qu'est-ce que ça lui fait, au roi, que je vive ou que je meure ? Il n'a pas besoin de ma mort pour être puissant. Il faut que je le voie. (*Prenant une bague ornée d'un diamant.*) Oh ! mon dernier espoir, seul reste de ma fortune de reine, dernière séduction que je puisse tenter... viens à mon aide !... Et le temps qui passe, et l'heure qui fuit ! Combien y a-t-il que cinq heures sont sonnées ? Je ne sais plus mesurer la journée. Oh ! mes artères battent à me rompre le front !

(Elle appuie ses coudes sur ses genoux et serre ses tempes avec ses poings ; pendant que ses yeux sont fixés sur la porte, elle s'ouvre lentement ; l'exécuteur entre, s'arrête après avoir dépassé le seuil, met un genou en terre ; Catherine, à sa vue, s'est soulevée contre le prie-dieu ; ses mains cherchent les pieds du Christ sans que ses yeux cessent de regarder le bourreau.

SCÈNE III.

CATHERINE, LE BOURREAU.

LE BOURREAU. Vous savez qui je suis, madame ?

CATHERINE. Je m'en doute. Vous êtes...
(Elle ne peut achever.)

LE BOURREAU. Oui !

CATHERINE. Pourquoi à genoux ?

LE BOURREAU. Je viens, selon l'usage, vous demander pardon.

CATHERINE. Oh ! dérision ! le bourreau qui demande pardon à la victime de la frapper, et qui frappera cependant.

LE BOURREAU. Il le faudra bien.

CATHERINE, *regardant le diamant qu'elle porte au doigt.* Dites-moi, ne trouvez-vous point que c'est un horrible état que le vôtre ?

LE BOURREAU. Horrible ?

CATHERINE. Pourquoi donc l'avez-vous embrassé ?

LE BOURREAU. Parce que mon aïeul l'avait légué à mon père, et que mon père me l'a légué, à moi.

CATHERINE. Cet état vous est odieux, n'est-ce pas ?

LE BOURREAU. J'ai vu un temps où j'aurais donné la moitié des jours qui me restaient à vivre pour en pouvoir embrasser un autre.

CATHERINE. Et depuis ?

LE BOURREAU. Il a bien fallu m'y habituer.

CATHERINE. Vous êtes seul à Londres ?

LE BOURREAU. Seul.

CATHERINE. Si vous quittiez la ville, qui vous remplacerait ?

LE BOURREAU. Personne.

CATHERINE. Et l'on serait forcé alors d'aller chercher celui de Calais ?

LE BOURREAU. Comme on l'a fait pour la reine Anne ; comme j'aurais voulu qu'on le fît pour vous.

CATHERINE. Et pendant ce temps, trois ou quatre jours de sursis me seraient accordés, n'est-ce pas ?

LE BOURREAU. Sans doute.

CATHERINE, *suivant sa pensée.* Pendant lesquels je pourrais voir le roi peut-être, ou sinon le voir, lui écrire, obtenir ma grâce. (*Descendant du prie-dieu.*) Mon ami, il faut que vous quittiez Londres.

LE BOURREAU. Impossible.

CATHERINE. Et pourquoi ?

LE BOURREAU. Qui nourrirait ma femme et mes enfans ?

CATHERINE. Et si je vous fais riche, votre femme, vos enfans et vous ?

LE BOURREAU. Riches !

CATHERINE. Combien le grand chancelier vous donne-t-il par an ?

LE BOURREAU. Vingt livres.

CATHERINE. Voyez-vous cette bague ?

LE BOURREAU. Eh bien ?

CATHERINE. Elle vaut mille livres, c'est-à-dire une somme qu'il vous faudrait cinquante ans pour gagner ; cette bague est à vous si vous le voulez.

LE BOURREAU. Que faut-il faire pour cela ?

CATHERINE. Fuir, et voilà tout ; je ne vous demande point de me sauver, vous ne le pourriez pas, je le sais. M'échapper est chose impossible; mais vous l..... nul ne vous observe, nul ne se doute que l'état que vous exercez vous est odieux !.. odieux est le mot, vous me l'avez dit. Eh bien ! éloignez-vous, partez à l'instant même; que lorsqu'on vous cherchera, l'on ne vous trouve plus; gagnez, avec votre femme et vos enfans, les frontières d'Ecosse ou d'Irlande; ce que vous avez fait jusqu'à présent n'est point écrit sur votre front, personne ne pourra savoir qui vous êtes; vous vivrez non plus enfermé dans un cercle de sang, mais mêlé à la société des autres hommes; vous n'aurez plus à demander pardon à personne; vous ne rentrerez plus chez vous les mains rouges, et vous ne léguerez pas à votre fils l'infamie que votre aïeul a léguée à votre père, et votre père à vous. Puis de temps en temps vous songerez qu'en vous assurant cette félicité, vous avez sauvé la vie à une reine, et que cette reine, placera votre nom dans toutes ses prières, pour que Dieu n'étende pas votre passé sur votre avenir.

LE BOURREAU. Cette bague m'appartient sans que je coure un si grand risque pour la posséder. La dépouille des condamnés est mon héritage.

CATHERINE. Oui, mais je puis la donner à l'une de mes femmes.

LE BOURREAU. Vous ne les reverrez plus.

CATHERINE. Du haut de l'échafaud je puis la jeter au milieu du peuple, et crier que je la lègue à celui qui la ramassera.

LE BOURREAU. C'est tenter horriblement un homme ce que vous faites là, madame; car après lui avoir dit aussi imprudemment quel était le prix de cette bague, c'est vous exposer à ce qu'il vous l'arrache.

CATHERINE, *portant la bague à sa bouche.* Qu'il essaie donc, et nous verrons s'il osera ouvrir la poitrine d'une reine pour la prendre.

LE BOURREAU. Cette bague vaut bien mille livres sterling, madame?

CATHERINE. Mille livres.

LE BOURREAU. Vous me le jurez!

CATHERINE, *étendant la main.* Sur le Christ !

LE BOURREAU. Donnez-la-moi, et je pars.

CATHERINE. Et sur quoi me jurerez-vous à votre tour que vous partirez ?

LE BOURREAU. Sur le Christ aussi.

CATHERINE, *secouant la tête.* Jurez-moi sur la vie du plus jeune de vos enfans... maître... j'aime mieux cela.

LE BOURREAU. Je vous jure, madame, sur la vie du plus jeune de mes enfans, et Dieu me le reprenne si je manque à mon serment! qu'aussitôt cette bague reçue, je quitterai Londres pour n'y jamais rentrer !

CATHERINE. La voilà. Partez.

(Elle le pousse vivement.—Il sort.)

SCENE IV.

CATHERINE, *seule, tombant à genoux,* puis L'ARCHEVÊQUE.

CATHERINE. Oh! mon Dieu! mon Dieu! je vous remercie, car je crois que votre vengeance se lasse.

L'ARCHEVÊQUE, *entrant.* Bien, ma fille; j'espérais vous trouver dans ces saintes dispositions et dans cette humble posture, car j'ai rencontré l'homme qui sort d'ici...

CATHERINE. Il s'en allait, n'est-ce pas?

L'ARCHEVÊQUE. Oui, mais pour revenir bientôt.

CATHERINE. Pour revenir, monseigneur ! Il vous a dit qu'il reviendrait ?

L'ARCHEVÊQUE. Il ne m'a rien dit, ma fille, mais vous n'avez plus qu'une demi-heure.

CATHERINE, *à part.* C'est vrai, je n'ai plus qu'une demi-heure pour lui... car il ne peut savoir... (*Soupirant.*) Oh! non, non, il ne sait pas!

L'ARCHEVÊQUE. Ma fille, quelles idées assez étranges occupent votre esprit, qu'elles puissent dans un pareil moment faire ainsi sourire vos lèvres?

CATHERINE, *sans l'écouter.* Croyez-vous, monseigneur, que si je pouvais voir Henri, mes larmes, mes prières, ce qui me reste de cette beauté qu'il a aimé, le fléchiraient ?

L'ARCHEVÊQUE Dieu tient le cœur des rois dans sa main droite, madame, et comme Dieu est toute miséricorde, je ne doute point que dans ce cas il n'envoie à notre souverain une pensée de clémence.

CATHERINE. Il faut que vous me fassiez voir le roi, monseigneur de Cantorbéry.

L'ARCHEVÊQUE. Moi, madame? mais c'est impossible. Oubliez-vous que dans quelques minutes...

CATHERINE. Et si, au lieu de quelques minutes, il me restait quelques jours...

L'ARCHEVÊQUE. L'exécution est fixée à six heures.

CATHERINE. Mais si à six heures l'exécution ne pouvait pas avoir lieu?

L'ARCHEVÊQUE. Qui l'empêchera, à moins que la victime ne manque au bourreau ?

CATHERINE. Le bourreau, qui peut manquer à la victime.

L'ARCHEVÊQUE. Je ne comprends pas.

CATHERINE. Monseigneur, ce que je vais vous dire, songez-y, est le commencement de ma confession, et Dieu vous défend de trahir le secret de la confession.

L'ARCHEVÊQUE. Le vôtre mourra là.

CATHERINE, *s'appuyant sur son épaule et lui parlant à demi-voix.* Il n'y a pas d'exécution sans exécuteur. Eh bien ! l'exécuteur est parti; quand vous l'avez rencontré, il sortait d'ici pour n'y plus rentrer, et à l'heure qu'il est (*plus bas encore*) il a quitté Londres.

L'ARCHEVÊQUE. Quelle chose étrange !

CATHERINE. Écoutez, monseigneur, vous ne m'en voulez pas; je ne vous ai jamais fait de mal; ainsi vous ne pouvez me vouloir de mal; et vous en eussé-je fait, même sans le vouloir, la religion, dont vous êtes un des premiers ministres, vous ordonne de me le pardonner non-seulement, mais elle vous ordonne encore de tendre la main à vos semblables dans leur dénument, de les soutenir dans leur faiblesse, de les secourir dans leur danger... Eh bien ! monseigneur, tendez-moi la main, soutenez-moi, secourez-moi.

L'ARCHEVÊQUE. Que puis-je faire pour vous ?

(Rumeur dans le peuple.)

CATHERINE. Écoutez !...

L'ARCHEVÊQUE. C'est le peuple rassemblé sur la place.

CATHERINE. Oui, il attend sa pâture et il rugit. Je vais écrire au roi, n'est-ce pas ? Vous lui remettrez ma lettre, monseigneur; vous me le promettez ? (*A un gardien qui entre.*) Que voulez-vous ?

LE GARDIEN, *regardant de tous côtés.* Pardon, madame... je venais voir... (*A d'autres personnes qui sont censées être dans la coulisse.*) Il n'y est pas.

(Il sort.)

CATHERINE, *avec joie.* Voyez, monseigneur, celui qu'on cherche ne se trouvera point; il m'a tenu parole.

L'ARCHEVÊQUE. C'est Dieu qui vous protège, mon enfant; je ferai ce que vous voudrez.

CATHERINE. Oh ! que vous êtes bon, monseigneur, et que je vous remercie ! Je vais écrire à Henri; je... (*On entend le son d'une trompette.*) Qu'est-ce cela ?

L'ARCHEVÊQUE. Je ne sais.

Catherine se serre contre lui.

UNE VOIX AU DEHORS. Peuple de Londres, le lord grand-chancelier, ministre de la justice, vous fait savoir qu'au moment du supplice le bourreau a disparu; et que, ne voulant retarder l'effet du jugement rendu, il fait offrir à celui qui se présentera à sa place pour remplir son office, la somme de vingt livres sterling, l'autorisant de plus à couvrir, pour cette exécution, son visage d'un masque. Il déclare du reste que, ce faisant, il aura rempli l'œuvre d'un bon citoyen.

(La trompette sonne un peu plus loin, et la même proclamation se répète.)

CATHERINE. Ah ! monseigneur, avez-vous entendu ?

L'ARCHEVÊQUE. Oui.

CATHERINE. Mais il n'y aura pas sous le ciel un homme assez atroce, n'est-ce pas, pour se charger d'une pareille mission ?

L'ARCHEVÊQUE. Je l'espère.

CATHERINE, *s'asseyant.* Écrivons... mais que faut-il que je lui écrive ? Dites-moi, monseigneur, j'ai la tête perdue.

L'ARCHEVÊQUE. Vous savez mieux que moi, madame, parler la langue sur laquelle vous comptez pour fléchir le cœur du roi.

CATHERINE. Oh ! personne ne s'offrira, n'est-ce pas ? personne ne voudrait remplir cet horrible emploi ! Ce serait un meurtre abominable.

L'ARCHEVÊQUE. Hâtez-vous d'écrire, madame.

CATHERINE. « Henri, c'est un pied sur » l'échafaud, c'est à la lueur d'un dernier » rayon d'espoir que... » (*S'arrêtant tout-à-coup, et montrant avec terreur à l'archevêque un homme masqué qui entre.*) Monseigneur, voyez-vous ? (*Se levant et reculant.*) C'est lui ! c'est lui !

SCÈNE V.

LES PRÉCÉDENTS, ETHELWOOD, *masqué.*

ETHELWOOD. Êtes-vous préparée, madame ?

CATHERINE. C'est sa voix, sa voix maudite !... comment l'avais-je oublié, lui ! Ah ! monseigneur, je suis perdue !

(Elle passe de l'autre côté de l'archevêque.)

L'ARCHEVÊQUE. Pourquoi n'essayez-vous pas de prier cet homme ?

CATHERINE. Lui, monseigneur, lui ! autant vaudrait essayer de prier le billot.

L'ARCHEVÊQUE. S'il en est ainsi, ma fille, déposez dans mon sein l'aveu de vos fautes, et puisque je n'ai pu sauver votre corps, que je sauve au moins votre âme. Je suis prêt; je vous écoute.

CATHERINE. Je ne puis, monseigneur... je... je... je ne me souviens plus.

ETHELWOOD. Je vais donc le faire pour elle, monseigneur, car je me souviens, moi.

L'ARCHEVÊQUE. Cet homme sait donc tout ?

CATHERINE. Aussi bien que Dieu, monseigneur.

ETHELWOOD. Cette femme était une pauvre jeune fille, sans noblesse, sans parens, perdue dans le peuple comme une fleur sous l'herbe, sans horizon, sans avenir. Est-ce vrai, Catherine ?

CATHERINE, *appuyant sa tête sur l'épaule de l'archevêque.* C'est vrai.

ETHELWOOD. Un homme la découvrit dans son humilité; cet homme l'aima..... Il appartenait, lui, à ce que l'Angleterre a de plus noble et de plus puissant; il pouvait la séduire, en faire sa maîtresse, puis l'abandonner; il l'épousa. Quelque temps après on offrit à cet homme de devenir le frère d'un roi, le vice-gérant d'un royaume. Pour se conserver tout entier à cette femme, il refusa ce qu'on lui offrait. Est-ce vrai, Catherine?

CATHERINE, *courbée sous la parole d'Ethelwood.* C'est vrai.

ETHELWOOD. Ce refus lui fit perdre son rang, ses biens, ses dignités, ses titres. Pauvre et dépouillé de tout à cause de cette femme, il ne lui restait que sa vie : il la lui confia, l'insensé; s'enferma dans un tombeau, lui en donna la clef; et cette clef qu'il avait cru confier à l'ange de la vie, à la vue d'un palais, d'un sceptre, d'une couronne, la femme que voilà, femme oublieuse et sans remords, cette clef, qui seul pouvait rouvrir le sépulcre de l'homme qui avait tout sacrifié, tout perdu pour elle, biens, rangs, dignités, titres, elle la jeta dans un gouffre, monseigneur, cette clef! cette clef!!... Est-ce vrai, Catherine?

CATHERINE, *tombant sur un genou.* C'est vrai.

ETHELWOOD. Elle s'était faite veuve pour devenir reine. Elle le devint. Vous l'avez vue sur le trône, monseigneur, vous l'avez entendue prodiguant à un autre les noms d'époux et de bien-aimé. Il est vrai que cet autre était roi; mais en n'avouant rien au roi, elle l'avait trompé comme elle avait trompé le duc. Un roi trompé se venge. Il la traîna devant la chambre des pairs. Vous y siégiez, monseigneur; vous avez pris part au jugement rendu; et cette part ne peut être un remords pour vous, maintenant, car vous voyez combien cette femme était coupable. Elle le savait, elle, qu'elle avait mérité son jugement, et mille morts plutôt qu'une. Eh bien! au lieu de courber la tête sous le poids de votre justice, au lieu de se frapper la poitrine, en disant : c'est ma faute, et d'implorer la miséricorde de Dieu, elle accepta le dévouement insensé du comte de Sussex; il lui offrit son épée, et elle ne lui dit pas: J'en suis indigne; il lui offrait sa vie, elle l'égorgea, le bon, le loyal, le noble Sussex, car c'est elle qui le tua, milord, et non son adversaire, puisqu'elle le laissa se faire devant Dieu le champion d'une cause qu'elle et Dieu savaient être injuste. Est-il vrai, Catherine?

CATHERINE, *à deux genoux.* C'est vrai.

ETHELWOOD. Et maintenant, monseigneur, maintenant que vous connaissez tous ses crimes aussi bien qu'elle et moi, absolvez-la, mon père, et hâtez-vous, car la coupable est à genoux et le peuple attend, l'heure va sonner *(sortant par la fenêtre du fond)* et l'exécuteur est prêt.

(Rumeur parmi le peuple lorsqu'il aperçoit Ethelwood.)

SCÈNE VI.

L'ARCHEVÊQUE, CATHERINE, LES DUCHESSES DE ROKEBY ET D'OXFORD.

L'ARCHEVÊQUE. Ma fille, vous reconnaissez avoir commis tous les crimes dont on vous accuse.

CATHERINE. Oui, mon père. Croyez-vous que Dieu me les pardonne?

L'ARCHEVÊQUE, *la bénissant.* Dieu est tout-puissant et sa miséricorde est infinie... Au nom de Dieu, je vous absous...

CATHERINE, *se relevant.* Mesdames les duchesses d'Oxford et de Rokeby, je voudrais pouvoir vous léguer quelque chose en souvenir de votre reine... mais pauvre je suis montée au trône, et pauvre j'en descends... je n'ai rien.

LES DUCHESSES. Votre main, madame.

(Elles s'agenouillent et baisent la main de la reine. Elles restent à genoux.)

CATHERINE, *relevant la tête.* Marchons, mon père.

(Catherine, appuyée sur l'archevêque, sort par la fenêtre de plain-pied avec l'échafaud, autour duquel sont rangés des soldats portant des torches. Les rideaux noirs s'entr'ouvrent et se referment; les deux duchesses restent en prières sur la scène, et l'on entend la voix du greffier qui lit.)

LE GREFFIER. Arrêt de la chambre haute qui condamne à la peine de mort la reine Catherine Howard et son complice, qui fixe l'exécution à trois jours de celui où il a été rendu, et l'heure du supplice à six heures.

(On entend sonner les six heures; au dernier tintement le peuple pousse un grand cri.)

LES DEUX FEMMES. Mon Dieu, recevez-la dans votre miséricorde!..... mon Dieu Seigneur, ayez pitié d'elle!...

(Les rideaux se rouvrent; on voit le corps de Catherine recouvert d'un linceul; l'archevêque est à genoux, et Ethelwood debout.)

ETHELWOOD. Maintenant, messeigneurs, il faut que l'arrêt s'exécute en tout point : j'ai frappé la coupable. *(Arrachant son masque.)* Voilà le complice.

FIN.

Paris. — Imprimerie de FÉLIX MALTESTE et Cⁱᵉ, rue des Deux-Portes-Saint-Sauveur, 18.

www.ingramcontent.com/pod-product-compliance
Lightning Source LLC
Chambersburg PA
CBHW060518050426
42451CB00009B/1042